騎手の心理
勝負の一瞬

田原 成貴

まえがき

職人タイプのジョッキーだったから分かる騎手のデリカシーと勝敗の微妙

パドックで周回しているときには覇気もなくノンビリしているのだが、ジョッキーを背にするとガラリと一変する馬がいる。わたしの場合も、普段はジョッキーとして規格外れのチャランポランなことを楽しんできたが、馬の背にまたがった場合は別だった。

ジョッキーには二つのタイプがある。一つは天才型で、もう一つは職人型だ。わたしは間違いなく職人型のジッョキーだった。見習いの頃から、勝つためにはどう乗るか、馬の能力や瞬発力を１００パーセント発揮させるにはどうするか。そんなことばかりを考えてきた。

ジョッキーでありながらバンドを組んだり、雑誌の連載やマンガの原作を書いていたのも、ジョッキーとしてのそんな日常から、非日常の空間にワープするためだったのかもしれない。競馬の世界にいる時間から比べれば、バンドやモノ書きの空間にいる時間は、はるかに短い。だが、その短い時空に足を踏み込んだ瞬間に、競馬のことは全て忘れることができた。

おそらく、こういった時間がなければジョッキーとして、どこまでやれたかは疑問だ。非日常にワープすることで、日常のジョッキーとしての集中力が強化されたのではないかと思っている。

職人型の特徴は、身体と頭で覚えてきた強みだ。職人型は天才型と異なって、ゼロからのスタートである。それだけに、圧倒的多くのジョッキーの心理情況や悩みが理解できる。同じ道を歩んでいるからだ。

競馬は馬だけが走っているのではない。ジョッキーというソフトウエアがあるからこそ数々の名ドラマが演出できる。したがって、このソフトウエアがどうプログラミングされ、またどうバージョンアップされていくかを知ることは、競馬をより楽しくするだけでなく、馬券検討にも大いに役立つはずである。

本書は雑誌「競馬ゴールド」の連載に大幅に手をくわえ、なおかつ新原稿をプラスしたものだ。連載当時は一般論として書いたものでも、その後のレースで実証されたテーマも多い。その点では、読者の方に大いに喜んでもらえると考えている。本書を読んで、競馬を華麗に楽しんでもらいたい。

2005年4月　東京から京都へむかう新幹線の中で

田原成貴

騎手の心理　勝負の一瞬

もくじ

第1章
勝敗を決めるジョッキーの心理バトル

第2章

買った馬だけ追うヤツに馬券はとれない

第3章 競馬で儲けたかったら馬を知れ

第4章 ジョッキーなら分かる強い馬と弱い馬

本文イラスト／柳澤源靖

第1章
勝敗を決めるジョッキーの心理バトル

騎手と調教師の心理戦

ジョッキーがムカツク調教師もいる

調教師の中には、何度も同じ馬に乗っているジョッキーに、その都度、ああ乗れ、こう乗れと指示をだす調教師がいる。

「分かってるつうのに！　前にも乗って、この馬の欠点も長所も知ってるんだから」

と思わず怒鳴りたくもなる。

また、騎乗馬にとって明らかにマイナスに作用する指示をだされたりすると、気持ちまで萎《な》える。

だが、ジョッキーにとって調教師は大切なクライアント（依頼主）だ。腹の立つことを言われたとしても、そこはジッと我慢しなくてはならない。

レースでは、どうするかって!?　わたしの場合は、いいと思える指示以外は無視した。無視したほうが、好結果につながることが多いことを、経験として学んできたからだ。

だいたいが、ジョッキーにアレコレと指示をだす調教師で、一流と呼ばれる人はほとんどいない。指示をだすことは、それだけジョッキーにプレッシャーを与えることになるからだ。馬と同様に、ジョッキーに余計なプレッシャーをかけることは得策ではない。

しかし、例外もいる。関西の伊藤雄二調教師などが、その例外の人だった。常に指示をだすわけではないが、いつだったか、かなり細かく乗り方を指示されたことがあった。

「そこまで言うんなら、言われたとおりに乗ってやろうじゃん！」

ということで、キッチリと指示を守って乗った。

結果は、下馬評では大本命だった馬を、わたしの乗った馬が、あっさり差し切ってしまった。自分でも勝てると思っていなかったので、これには驚いた。

カンカン場（検量室）にテキがいたので、

「あんたはスゴイ！　あんたはエライ！」

とオチャラケて言ったら、伊藤雄二調教師が苦笑いしていたのを覚えている。

調教師の中には、レースで乗ってもいないのに、ジョッキー以上に馬の特性や特徴をしっかり見抜ける人もいる。名調教と言われる理由の一つが、こういったところにあらわれている。

ジョッキーがヤル気をおこす一言

メジロラモーヌ以来17年ぶりに三冠牝馬・スティルインラブを送りだした松元省三調教師なども、名調教師と呼ばれるにふさわしい人だ。松元省調教師は、伊藤雄調教師とは対象的だ。ジョッキーに指示をだすことは、ほとんどしない。「頼んだよ」とか「頼むよ」と言うだけだ。

同じような言葉は、ほかの調教師もよく口にする。しかし松元省調教師の「頼むよ」は、他の調教師の「頼むよ」とは、大きな違いがあった。なんというか、温かくて、ジョッキーに対する信頼感と期待感にあふれているのだ。

93年の『有馬記念』をトウカイテイオーで優勝したとき、勝利ジョッキー・インタビューで、思わず涙ぐんでしまった。前年の同じレースでわたしが乗って大敗してしまったのだが、その大敗にもかかわらず再度乗せてくれたのも松元省調教師だった。

トウカイテイオーで勝ったから、涙ぐんでしまったのではない。もう一度乗せてくれた松元省調教師に対しての涙だった。

それにしても、トウカイテイオーに故障さえなければ、どれだけの名馬になっていたか。文句なしに、わたしが乗った馬で最高の馬だった。

名調教師といわれる厩舎の馬に乗れるジョッキーは、幸せ者だ。

ところで、トウカイテイオーには引退した岡部幸雄さんも乗ったことがあった。そのとき、「まるで雲の上を飛んでいるようだ」というようなコメントをしていた覚えがある。

実際、わたしもそう感じたのだが、同じような表現を今年の『皐月賞』で優勝したディープインパクトに対して武豊騎手がつかっていたのは興味深い。シンボリルドルフのような、無敗の三冠馬が誕生するのだろうか。

年明け競馬はジョッキー重視

普段の1勝と重みの違う1勝がある

野球中継を見ていると、勝利投手がチームメイトと握手している光景を、よく目にする。一昨年はセ・パ両リーグで、20勝投手が10数年ぶりに誕生したそうだが、この数字をみるとプロ野球のピッチャーにとっての1勝の重みがよくわかる。

ジョッキーの場合にも、レースで勝ったあとに、やたら握手を求めたくなるときがある。GⅠレースやクラシックレースを勝ったあとのことではなく、未勝利戦や下級条件戦などのときもある。それは年が明けて、初めての勝鞍をあげたときだ。

プロ野球の投手と違って、競馬の一流ジョッキーともなれば、年間100勝前後はする。そんなジョッキー達でさえ、年明け初の1勝は嬉しいのだ。というより、ホッとするのだ。そのことをジョッキーの誰もが知っているだけに、年明け初勝利騎手には「おめでとう」という声と握手が待ち受けている。

『リーディングジョッキー』　79年のデビュー2年目に63勝で関西1位（1勝差全国2位）、83年102勝、84年100勝で日本リーディング連覇。

暮れの『有馬記念』が終わって、翌年の『金杯』まで、長くても2週間はあかない。去年から今年のようなケースでは、12月26日から1月5日までだから、10日間だ。つまり、通常の開催とほとんど変わりない。しかし、「年明けの1勝」は、「翌週の1勝」とは比較にならないほどの重みがある。

毎年リーディングの上位を争うジョッキーでも、1、2週間勝てないことはよくある。普段なら、それほど話題にもならない。だが、これが年明けの競馬だと、

「今年は、調子悪いんじゃないの」

などと、口さがない厩舎関係者に言われてしまうのだ。

「まだ始まったばかりじゃん！」

と反論したくもなる。

ところが当のジョッキーのほうが、勝てないことをもっとも気にしているため、反論の言葉がでない。それどころか、周りから同じようなことを何度も言われると、このまま勝てない状態が続くんじゃないかと不安にさえなるから妙なものだ。

ジョッキー仲間と飲みに行っても、

「オマエ、まだ片目もあいていないんだ！」

などと、からかわれたりする。

競馬週刊誌のリーディング欄を見ても、いつものあたりに自分の名前がなく、0勝で2着の数争いという情けないありさま。そして勝てない焦りから、普段と違うことをやってしまい、それがたたって墓穴を掘ることにもなる。

早い重賞勝ちが上昇スパイラルをつくる

逆に、年明けからポンポンと勝てると気分もノッてくる。気分がノッているときには、ミスも少なく上手に乗れる。上手に乗れていると、厩舎も安心して馬を任せられるから、しぜんと走る馬もまわってくる。というように、上昇スパイラルの流れに乗ることができるのだ。

年明け1ヵ月半ほどの競馬では、好スタートを切ったジョッキーを狙うのが面白い。前年のリーディングのランキングを気にせず、上昇スパイラルの流れに乗ったジョッキーの馬単で、その年1年の馬券も好発進といきたい。

狙って面白いジョッキーは、ほかにもいる。早々と重賞レースに優勝した騎手だ。毎年、年明け1、2週目には、東で『中山金杯』と『ガーネットステークス』、西では『京都金杯』が行われる。これらの重賞レースに優勝したジョッキーは、「今年はやれる」か「今年もやれる」かは別にして、気分がノッているることだけは確かだ。

重賞レースは、毎週のように組まれている。しかしこの時期に早々と重賞を一つ勝つことは、その後の重賞を一つ勝つこと以上に重みがあるのだ。1年を通しての、起爆剤的な意味がある。前述した重賞レースの優勝ジョッキーを、覚えておいてソンはない。

この校正ゲラのチェックをしている05年春現在気づいたのが、関東の横山典弘騎手の好調ぶりだ。まだ前半の競馬が終わりかけたところだが、関東リーディングのトップを走り続けている。例年になく好調といっていいだろう。今年の『中山金杯』をクラフトワークで優勝したのが横山典騎手だったというのは、偶然だろうか。

ジョッキーにとっての2着とは

1着と2着の間にある大きな落差

馬券を買う人にとっては、1着ばかりでなく2着や3着にも大きな意味がある。1000万円馬券が飛び出し、100万円馬券も珍しくはない3連単馬券が発売されてからは、なおさらだ。しかしジョッキーにとっては別だ。2着までなら出走権を得られるトライアルを除いて、1着と2着のもつ意味合いには大きな落差がある。

誤解を恐れずに言えば、2着では意味がない。したがって、2着が少なくても気にならない。だが、2着が1着より多い場合には問題だ。

競馬の2着をゴルフのパー・プレイに例えると、次のようになる。同じパーでも、ナイス・パーとバーディー逃しのパーがある。ナイス・パーというのは、バンカーからのチップイン・パーとか、長いパットを決めてパーセーブしたようなケースだ。競馬で言えば、馬の能力を最大限引き出し、さらに流れや展開にも恵まれ、全てがうまくいった結果の2着になる。

それに対して、バーディー逃しのパーは、絶好のバーディーチャンスにつけながら、パットをミスしたようなケースだ。競馬で言えば、勝てるのに勝ちきれず、２着になってしまったようなケースだ。

2着の多い騎手は〝本調子〟ではない

カップの手前２～３メートルにオンさせて、バーディーチャンスにつけたとする。カップまでのアンジュレーションを読む。真っ直ぐか、それともスライスなのかフックなのか。決断して、パットする。競馬では、勝負どころの見極めだ。

ボールを打つ。狙ったラインに思い通りの強さで打てたもののカップに蹴られたり、思った以上に曲がるラインではずれた場合は、ミスとまでは言えない。ところがカップのはるか手前で曲がったり、大きくはずしたら、これは読み違いだ。２着が１着より多いということは、こういった読み違いのケースが多い。ジョッキーの経験から言えることだ。

勝因も敗因も、ジョッキーが一番よく知っている。順調に勝ち星を増やしていても、２着が１着よりも多いときは、けっして〝本調子〟ではない。本来なら、もっと勝ててもいいはずなのだ。
馬単や3連単を買う際に、参考にしてもらいたい。

騎手はレース前に何を考えているか

勝ち負けで考えすぎることの良し悪し

馬券を買っていると、少しはハナが高くなることもある。たとえば03年の函館12レース「臥牛山特別」の馬券を、勝ったグランリーオ（8番人気）からの5点流しで1万円もとった時もそうだ。配当が、馬連②―⑨で８７６０円だった。

グランリーオは、東京の芝１６００メートル戦で3着したときの脚を見ていたので、１８０００メートルでも掛からずにいければ、なんとかなると思っていた。ジョッキーが上手に乗ってくれたこともある。

もう一つの勝因は、漫画スタッフのアドバイスだ。

「タバラさ～ん、考え過ぎじゃないんですか。前日の新聞予想じゃ結構当たっているのに、パドック見たりしているうちに、変えちゃうんだから……」

と以前から何度か言われていたこともあって、フッと想い出した。

そういえばジョッキーの頃だって、レース前にライバルと思われる馬やレース展開を、それほど深く考えることはなかった、と。

ジョッキーはレースで、将棋や囲碁のプロのように展開などを先々まで読んで乗っていると思われがちだ。たしかに、そういうタイプのジョッキーもいたが、それが果たしていいのかどうか。

ジョッキーの咄嗟の対応力をチェックしろ

というのも、レースで何事もなく馬場を回ってこれるということはまずない。必ずアクシデントにちかいことが、何度か起きる。その都度、それを瞬時に、かつベストに対処できるかどうかで、結果が大きく違ってくる。

つまり、自分の考えた通りにレースが運ぶことなどまずない。したがって、あまりライバル馬を意識したり、あるいは位置取りを考え過ぎたり、また前もって想定していたレース展開にこだわると、かえってうまくいかないことのほうが多いのだ。

ということで、出馬表にざっと目を通したときのインスピレーションを大切にして馬券を買ってみたのだが、これがダイセイカイだった。

いつもは、1点1万円の勝負などしていないので、誤解のないように。それ以前に、18戦15勝という、自分でもあきれるほどの絶好調で、競馬資金にも余裕ができていたというわけだ。

この勢いに乗って、次のレースで10万円ずつの２点買いを目論んだのだが、

「タバラさん、絶対やめたほうがいい‼」

という周囲の大合唱で断念した。

レースは予想どおりの結果だったが、この絶好調の要因もスタッフのアドバイスのおかげなので、馬券を見送ったことに悔いはなかった。

ジョッキーの乗り替わりに過剰反応は禁物

うまく乗っても乗り替わりはある

「眉間《みけん》に、シワを寄せるな」

自分では気づかなかったのだが、どうもカッとしたりイライラすると眉間にシワが寄るようで、最近になって人から教えられた。さぞかしジョッキーの頃は、眉間にシワが寄っていたと思う。シワの寄る回数が少なければ、ありもしないことを勝手に新聞に書かれることもなく、なにより勝鞍ももっとあがっていたかもしれない。

レースでうまく乗れたかミスをしたかは、当の本人が誰よりもよく分かっている。したがって、うまく乗れたと思っていたのに、次走で乗り替わりになったりすると、よく眉間にシワが寄ったはずだ。

「ふざけんじゃねえ！」

と思いつつも、他のジョッキーがその馬をどう乗るか、レース観戦はシッカリした。

乗り替わった馬が、同じレースに出ているときは複雑な心境だった。若葉マークの頃はなんとか先着したいと考えた時期もあったが、それでは任された馬の力を十分に出し切れないことに気づいた。

よく「どの馬をマークするのか」などと記者から聞かれたが、この質問がおかしいことも、いまの話と関連している。他馬をマークするということは、マークする馬のペースにあわせて、自分の馬を走らせることになる。そんな走り方をさせたら、自分のペースで走っている相手の馬のほうが有利に決まっているからだ。

レースでは、いかに自分の馬を気分よく走らせ、その馬の能力を最大限引き出せるかがポイントであり、着順はあとからついてくるものなのだ。馬の能力を最大限に引き出した結果負けても、それは相手が強かっただけのことだ。

成績がイマイチのジョッキーは、このあたりが分かっていない。

「４コーナーにゴールはない」

と、いくら教えられても、結果がほしくて超早仕掛けを繰り返してしまう。

「また行っちゃったよ!?」

追い抜いていく馬を横目で見ながらよく思ったのだが、その超早仕掛けで何度かいい思いをさせてもらったのも事実だ。

仕掛けるには早いのでジッとしていたいのだが、ケースによっては、他馬にこられたら行かざるをえないこともある。そしてそれが、レース結果に影響をおよぼす。したがって、超早仕掛けジョッキーの出るレースは、ご用心とも言える。これも、馬券のヒントになるはずだ。

見習いジョッキーからの乗り替わりは要注意

ジョッキーにとって意外にプレッシャーがかかるのが、2着続きの馬への乗り替わりだ。はたから見ると勝鞍を一つプレゼントされたように思えるが、ことはそう簡単ではない。

「勝って当たり前」の雰囲気の中でレースをするのは、乗りづらい。前走まで見習いジョッキーが乗っていた、などということになればなおさらだ。ここでドジッたらカッコワルイ、と妙な意識をもつ。それが原因で、うまく乗れないこともあった。このあたりのことも、覚えておいてソンはないだろう。

こういったケースの乗り替わりの原因は、厩舎サイドが〝安心〟を得たいがためというのが本音にちかいだろう。以前、著名な芸人に、最大の誉め言葉は

なにか聞いたことがある。そのとき返ってきたのが、

「安心して観《み》ていられたよ、と言われること」

というものだった。

同じことが、ジョッキーにも言えるのではないか。

ところで、仕事の都合で関東のレースを見る機会が多いが、若手ジョッキーの騎乗レベルが自分達の頃よりずいぶんと高くなっているのには驚かされる。

ジョッキーにとっての一番の不安は、馬が転ぶことだ。わたしが乗っていた当時は、その不安のある馬が少なくなかった。育成の進歩や預託システムの改善などで、脚元に不安のある馬がレースに出なくなったことが、その要因かもしれない。

「人気」のプレッシャーに負けるジョッキー

人間がつくりだすジョッキーの敵

ジョッキーは、人間がつくりだす敵とも闘っている。「人気（オッズ）」も、その一つだ。

パドックにでれば、否応なしにオッズが目にはいる。したがってどのジョッキーも、自分の馬の人気をチラリと見ている。だが、人気に対する感じ方は人それぞれだ。

馬のデキが落ちているのに、異常な人気になっているケースもよくあった。それだけ応援してくれるファンがいると有難く思ったものだが、同時に、

「あ〜あ、ソンをしちゃうのに……」

とも考えた。

しかし、どんなに人気になっても気にすることはなかった。ほとんどの場合、人気になるということは、それだけ勝つチャンスも大きいからだ。

ところが、人気がプレッシャーになるジョッキーもいる。現役ジョッキーな

人気のプレッシャーに弱い騎手はカモ

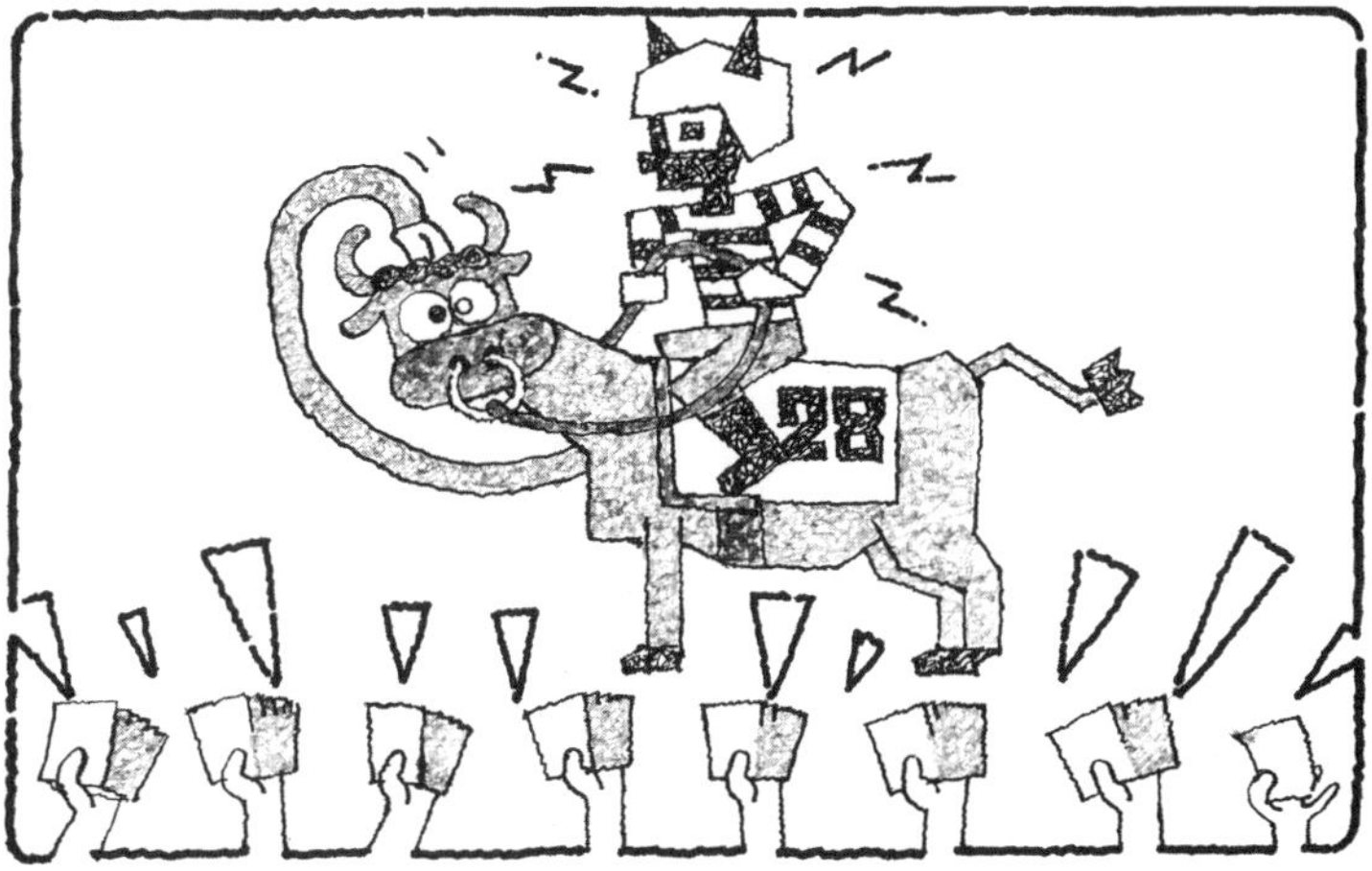

ので誰とは言わないが、パドックでオッズを見たとたん、プレッシャーが全身を駆け抜けるのが分かる。

　そんなジョッキーの乗る馬は、レースではカモだね。プレッシャーのために、ジョッキーは勝つことばかりが脳裏にあって、馬のことなど忘れているからだ。

ジョッキーを観察する楽しみ

　もっとも、プレッシャーを全然感じないヤツも考えものだ。はっきり言って、アホだ。何も考えていないに等しい。適度なプレッシャーは、心地よい緊張感と集中力を生み出す。神経が研《と》ぎ澄まされる。これが、いい結果となることが多いのだ。

パドックといえば、かつては面白いヤジを、よくもらった。

「タバラ!! ヘタ乗りくさって! オオゾンしてもうたワ。もっとも、オマエに前のレースでヨウケ儲けさせてもろうたぶんやけどナ……」

パドックがドッとわく。ジョッキーも皆、笑いをこらえている。妙にリラックスできた記憶がある。

必要以上のプレッシャーは、ジョッキーの表情や仕草にでる。顔が蒼白になるジョッキーにもいる。パドックでは馬だけでなく、ジョッキーをじっくり観察するのも面白いはずだ。

パソコンや携帯で馬券を買う人が増えているが、競馬場に足を運べばいろいろな発見もあるはずだ。

叩かれたジョッキーだけが知っている不合理

距離延長や成長度で変わる馬の脚質

ジョッキーの中で、わたしほどマスコミのターゲットになった者もいないだろう。乗り方がおかしいとか、調教師を批判したとか、まあ、あきれかえるほどスポーツ紙などにウソを書かれた。

これは私憤にちかいが、取材をしっかりしてもらえれば、誤解のない報道ができたというものばかりだ。

たとえば、レースでの位置どりや脚質だ。馬は成長とともに、レースの仕方も変わってくる。１２００を大差で逃げ切った馬でも、距離の延長や成長度合いで、差したり追い込んだりして脚質転換したほうが馬のためにいいことも少なくない。

しかし、脚質転換は、すぐに結果がだせるものではない。実戦での試行錯誤を必要とする。

にもかかわらず、一部のマスコミは短絡的に乗り方がおかしいと評したりする。いわゆる「サルノキング事件」も、このパターンだった。

こういった的はずれの報道が、ジョッキーに悪影響をあたえる場合もある。あれこれ言われるよりワンパターンに逃げたり、あるいは常に先行して負け、何も言われないほうがいいと考えてしまうからだ。

事実、逃げたり先行して大敗しても、ジョッキーがマスコミから批判されたことなど聞いたことがない。ジョッキーも人気商売なのだから、ウソを書かれたりしたジョッキーの話を耳にすると、こういった消極的な姿勢になっても不思議はないのだ。

残念なことに、勉強不足や理解のない厩舎関係者もいる。そういった報道に影響されて、乗り替わりを考えたりしてしまうから余計に始末がわるい。

2着続きの馬が惨敗する理由

2着続きの馬が次走で惨敗してしまうケースも、厩舎の雰囲気が影響している場合がある。

目の前にぶら下がった1勝が早く欲しくて、他のジョッキーへの乗り替わりを考えるからだ。

こういった厩舎スタッフの雰囲気は、それまで乗っていたジョッキーも感じてしまう。その結果、勝ちを急いで逆効果になることもある。

厩舎スタッフの、次走は勝ちたいというピリピリした雰囲気が、馬に影響することもある。

サラブレッドは、敏感だ。周りがピリピリしていると、それを敏感に感じとって、馬にとっては余計なプレッシャーとなる。

同じようなことは、クラシックや大レースをとったことのない厩舎の馬が、大きなレースに人気馬として出走してきたケースにもあてはまる。プレッシャーから、調教過剰になったり、仕上げすぎてレース前にピークがきてしまうことがあるのだ。

人がつくりだす敵とは別に、強い馬に乗ったときの雨も、ジョッキーにとっては敵だ。

良馬場なら負けないと思っていても、重馬場や不良馬場という不確定要素によって、能力の差が縮まることがあるからだ。

ジョッキーはいろいろな敵と闘わなければならないが、なんといっても最大の敵は、同じレースに出走している馬ということになる。


『サルノキング事件』　82年「スプリングS」をサルノキングで追い込むも4着。同馬主の馬が逃げ切り八百長疑惑。後にレース中の骨折判明。

騎手がスランプになるとどうなるか

スランプ騎手を見分ける法

武豊騎手は別としても、リーディング上位の騎手でも7回とか8回騎乗して1勝しかできないのが現実だ。そのうえジョッキーは、やっかいな問題をかかえている。それは、スランプだ。

スポーツ選手に限らず、スランプは誰にでもある。したがって、ジョッキーも例外ではない。7回とか8回騎乗して、やっと1勝できるかどうかなのに、その1勝を逃したら心理的にどうなるか。「また勝てない」「今日も勝てない」という連続になる。

本人は口にしないが、スランプになった騎手は分かる。自分でも何度となく経験があるからだ。レースをよく見ていれば、ファンにも分かるはずだ。

まず、出遅れが目につくようになる。精神的・肉体的にジョッキーの調子が下降気味なせいなのか、乗り馬の癖（ヘキ）が普段より気になる。出遅れヘキのある馬で出遅れても、普段ならあまり気にならない。しかしスランプ状態になると、次に乗る馬でも出遅れるのではないかと、後ろ向きに考えてしまうのだ。

そういった焦りや不安は、馬に伝わる。その結果、出遅れへキのない馬なのに出遅れてしまったりするのだ。

レース運びがチグハグなジョッキーは注意

また、レース運びもチグハグになる。いつもは後ろから行く馬なのに、無理に先行させたりする。一見、積極的なように見える。しかしこれは、前へ行っていれば負けてもアレコレ言われないだろうという、消極的な発想からでてきたものなのだ。

そのくせ、他の馬がきたときに動こうとしない。せっかく脚をつかって前に行ったのだから、そのメリットを最後まで活かすようにすべきなのだ。しかし、まだ早いんじゃないかといった迷いが生じる。その結果、馬群にのまれて惨敗などということになる。

包まれて出られない、などということも少なくない。レース中に、スタートからゴールまで包まれっぱなしになることはまずない。何度か前があく展開になる。その際に、慌てたり焦って抜けだそうとすると、前が詰まって挟まれたりするのだ。

前があいて、ジョッキーが馬にゴーサインをだしても、馬は瞬間的にギアチェンジできるわけではない。そろそろ前があいたら行くよ、と馬に伝えながら乗っていてこそ、一瞬のアクションに対応できるのだ。

もちろん、こんなことはジョッキーなら誰でも分かっている。分かっていながら対応できないのが、スランプのスランプたるゆえんなのだ。

馬がスランプから脱出させてくれる

人気薄の馬で穴をあけたら復活の兆し

スランプから抜けでるきっかけは、二つある。一つは、勝つことだ。

スランプにおちいった野球の選手が、ぽてんヒットがきっかけで調子を取り戻した話をよく聞く。

同じようにジョッキーも、恵まれたラッキーな1着でも、それがスランプ脱出の妙薬になったりする。

馬券を買う側としては、勝ち星から遠ざかっていたスランプ状態のジョッキーが人気薄の馬で穴をあけたりしたら、復活の兆しと考えていい。それまでの不調がウソのように勝ちだしたりするから、狙って面白い。

もう一つのきっかけは、馬が与えてくれる。勝負どころで動こうとしても、馬が動いてくれなかったりすることがある。それが結果的に早仕掛けを防いでくれて、勝ちにつながったりすることがあるのだ。また、馬の走りから、勝ったときの感触がよみがえったりもする。

ジョッキーにティーチング・プロがいない矛盾

ある意味で、ジョッキーにとって馬は「ティーチング・プロ」のような存在ともいえる。しかし、考え方によっては、馬がティーチング・プロになる状態がベストなのかどうか疑問だ。

ゴルフのタイガー・ウッズだって、不調になればティーチング・プロの手を借りる。野球には、打撃コーチや守備コーチがいる。

にもかかわらず、ジョッキーにはティーチング・プロやコーチに相当する人間がいない。

もちろん、乗り方がおかしいと指摘してくれる先輩や調教師はいる。だが、どう乗ったらいいのかを技術的に、分かりやすく教えてくれる人間が、ジョッキーの周囲にはあまりにも少ないように思えてならないのだ。

これって、おかしいと思いません?

騎手免許を交付したらあとは自力にまかせるだけではなく、ティーチング・プロのような人材を、もっと活用すべきではないのか。ジョッキー全体のレベルもアップするし、レースが今以上に白熱した面白いものになると思うのだが、どうだろう。

ジョッキーの絶好調をあらわす芸当

絶好調騎手を見分ける

スランプとは反対に、ジョッキーが絶好調のときは、どうなのか。

「強敵相手に、ハナ差交わして、ハナ差しのいで勝つ」

という芸当が可能なほど、冴《さ》えわたるのだ。

絶好調のときは、不思議なほど、勝負どころで前があいたりする。だが実際には不思議なのではなく、周囲の馬の動きや他のジョッキーの動きが、よく見えているのだ。

したがって、包まれたりすることもなく、瞬間的に馬の能力を極限まで引き出してあげることができるのだ。

ファンとしては、ジョッキーが他馬を引き連れて圧勝するような光景を見たら、馬の強さ以上に、ジョッキーが好調だと判断していい。人気薄でも、アッといわせることが多くなる。

若い頃ほど、スランプになると絶好調のときを思い起こす。そして、その落差に焦る。

絶好調など、そうそうあるものではない。その状態と比較してしまうと、ますますスランプというドロ沼に引きずり込まれてしまうのだ。

体験者だけが知っている真実

キャリアを積んでいくと、スランプになっても過度に焦るようなことはなくなる。絶好調の時期ではなく、普通の状態に戻すことを考えるからだ。

その頃になると、自分なりの勝利の方程式もできてくる。スランプになったときには、その方程式にてらして、どこに問題があったのか分析ができるようになる。

したがって、キャリアを積んだジョッキーほど若いジョッキーのようにドロ沼状態になることも少なく、スランプからの脱出も早くなる。

「名馬に絶好調はいらない」

とよく言うが、名ジョッキーにも絶好調はいらない。

普通の状態なら勝てるからだ。山と谷を往復し続けたわたしには、それがよく分かる。


『初勝利・最後の勝ち星』78年4月阪神競馬場テンシンニシキで初騎乗・初勝利。98年2月、レインボーハルカで最後のウイニングラン。

距離の足りない馬と距離の長い馬

乗りづらい「距離が長い」馬

「馬券の達人」って、ホントにいるんだね。一緒に漫画の仕事をしている仲間の一人が、まさに達人なのだ。４週連続万馬券をゲットしたんだけど、そのうちの二つが03年の『ＮＨＫマイルカップ』と『オークス』だった。

「なんで、そんなに万馬券がとれるの⁉」

と聞いてみた。

「だってタバラさん、自分で言ってたでしょう。ＮＨＫマイルのときは、コウシロウは１６００がうまいよって……。だから、ウインクリューガーから流したんですよ。オークスだって、スティルインラブはカタいけど、アドマイヤグルーブはペースが遅いとカカルかもしれないって……。それなのに、タバラさんは、とれなかったんですか！」

「……………」

素直な人なのである。

この人、カタクおさまりそうなレースは見向きもしない。平気で見送る。次のレースの検討に、はいっている。このマネも、なかなかできない。わたしの場合は、ムリに穴狙いして馬券をハズすことも多い。だから競馬資金が、なかなか増えない。困ったものだ。

『宝塚記念』は〝未知との激突〟が期待されるレースだ。この未知との激突を演出しているのが、2200メートルという距離だ。

出走馬のなかには、2200メートルという距離が長いと思われる馬と、逆に2200メートルでも距離が足りずに短いと思われる馬がいる。

ジョッキーからすると、距離が長いと思われる馬のほうが乗りづらい。レース中のちょっとしたミスや不利が、大きなダメージになってしまうことが多いからだ。

オーバーに言えば、ちょっとしたミスや不利があった時点でレースは終わる。つまり、完璧に乗ってはじめて勝機が芽生える。それでも勝つのは難しい。わたしの騎乗馬でいえばステートジャガーが、そんな馬だった。わたしとしては完璧に乗れたが、距離が長かったため、0・2秒差の4着(1番人気)どまりだった。

「ステートジャガー事件」の顚末

そのレースの３日後、ステートジャガーの尿から興奮剤のカフェインが検出されたとして、同馬は失格処分となった。いわゆる、「ステートジャガー事件」である。

おかしな事件だった。嫌疑は八百長であった。マスコミや警察いわく、

「１番人気の馬が、不自然な負け方をした」

というのだ。わざと負けようとする馬に、興奮剤をうつバカがいるだろうか。興奮剤などうったら、逆に競走能力が高まってしまう。

しかも、カフェイン投与の「実行犯」は田原成貴だ、と言いだす者まであらわれた。レース前日から調整ルームに缶詰にされ、当日の行動のすべてが人目にさらされるジョッキーが、一体どうやってカフェインを投与することができるというのだろうか。

事件の結末も、妙だった。結局、ステートジャガーの関係者は関与していなかったことが認められた。犯人は、分からずじまい。だが、同馬の尿からカフェインが検出されたのは事実だったため、『宝塚記念』の失格処分はそのまま適用された。わたしに対する宝塚署の取り調べが終わったのは、７月だった。

正直、うんざりした。

迷ったときに馬券を選ぶ方法

『宝塚記念』はマヤノトップガンで優勝しているが、それほどの印象はない。マヤノトップガンの能力と距離適性を考えれば、勝つべくして勝ったと考えているからだ。その点からすれば、この馬で優勝した97年春の『天皇賞』のほうが、上手に乗れたと思う。

馬券を買うときに、もう1点買っておきたいが、連のヒモ候補や3連単の3着候補が2頭いるというケースがある。1頭は距離が長そうで、1頭は距離が足りなさそうだ。こんなケースで迷ったら、先の話を参考にしてもらいたい。

距離が足りなさそうな馬のほうを選ぶのだ。おそらく、ジョッキーの多くは距離が長いと思われる馬のほうが乗るのに難しいはずだ。

もちろん、距離の長いと思われる馬に完璧に乗られて、馬券をハズしてしまうことはあるだろう。しかしそんなときは、馬とジョッキーを誉めてもらいたい。

レース前からはじまるジョッキーの心理的葛藤

大穴馬券の主役は人気薄の逃げ馬

イングランディーレの逃げ切った04年春の『天皇賞』に、衝撃をうけた人も多かったのでないか。人気薄の逃げ馬が、有力馬を押さえ込んでゴールを駆け抜けるレースは少なくない。

しかし『天皇賞』では、負けた有力馬たちの着順が衝撃だったはずだ。１番人気のリンカーンが13着、２番人気のネオユニヴァースが10着、３番人気のザッツザプレンディが16着という大惨敗だったからだ。

しかし、これが競馬というものなのだ。ときに、不確定要素が積み重なって、とんでもない結果となることがある。競馬関係者はこんな結末を経験することが多いので、ファンほど衝撃にはならない。人気馬で惨敗したジョッキーにも同じことが言える。

プロ野球の解説などを聞いていると、同じ負け試合でも大差で負けたときのほうがアトを引かないという。ジョッキーにとっては、１着以外は２着でも３

着でも、あるいは大差のドンジリでもほとんど同じようなものだ。こういった感覚は、毎日を勝ち負けの世界で生きている人間にとって共通しているようだ。

ジョッキーがもつ「諦観」とは

それにくわえて、ジョッキーには「諦観《ていかん》」のようなものもある。たとえば、大きなレースをとれそうな馬に巡り合ったとする。大レースが近づくと、日を追うごとに期待もふくらんでいく。

だが、ある日突然、故障発生でリタイアなどということが珍しくないのだ。走る前に夢がついえるわけだから、スタートゲートにはいれるだけでも一安心なのである。

一流ジョッキーになればなるほど、可能性の高い馬に巡り合うチャンスも多く、またそれだけ挫折を味わう機会も多い。つまり、心理的には1度や2度の大惨敗も、ファンが気にするほどのダメージにはならないのだ。

事前に考えた展開にしばられる危険

展開はジョッキーが考えた通りにならない

現役の頃、レースを前にして展開はあるていど考えたが、ゲートにはいるときには全て白紙の状態でのぞんだ。レース展開が考えた通りになることは少ないし、考えた展開にしばられては、いい騎乗ができないからだ。

展開で、最近アッと驚かされたのが04年の『オークス』でのダイワエルシェーロの福永祐一騎手だった。親父（福永洋一騎手）さんには可愛がってもらったので気になるジョッキーだったのだが、このレースでみせた2コーナーから先頭に立っての逃げは、かつて天才ジョッキーの名をほしいままにし、ファンや厩舎関係者さえアッといわせた親父さんを彷彿とさせるものがあった。正直なところ、背筋がゾクッとした。

この時期の3歳牝馬の２４００メートルでは、距離適性に関してはやや手探り状態のところがある。したがって、ジョッキーも道中では極力負担をかけないようにして直線勝負に持ち込みたいと考える。にもかかわらず、差し脚質のダイワエルシェーロを長い直線の手前で先頭に立たせ、押し切った。
この1勝には、GⅠ勝ち以上の何かがあるといったら、言いすぎだろうか。

騎手・福永洋一の凄さ

デビューした78年、わたしは重賞のタマツバキ記念勝ちを含む28勝をあげて関西リーディング12位となり、新人賞を受賞した。

同じ年、日本リーディングの座についたのは、天才と呼ばれた福永洋一さんだった。勝鞍は131勝で、9年連続の日本一である。

「100勝以上も離されて、何が新人賞だ」

上を見なくてはならないのが、いやだった。

首が痛くなるほど見上げても、福永さんの姿は視界にはいってこなかった。あの人は、わたしが地べたに仰向けにならなければ見えないほどの高さにいた。

「福永さんが乗ると、なぜ馬は走るのか」

それを見極めてやろうと思った。そして、あの人と同じ高さに上り詰め、叩き落としてやろうと思った。しかし福永さんは、翌79年春、毎日杯での落馬事故により、騎手生命にピリオドをうった。雲の上にいた人が、馬場に横たわったまま動かぬ様を目の当たりにして、わたしは震えた。股の下に地獄を抱える、自分の職業の恐ろしさを知った。

だが、わたしが知りたかったのは、ジョッキーが直面する恐怖などではなかった。福永さんの馬乗りの極意だった。教えを請《こ》うつもりは毛頭なかった。盗むつもりでいた。盗む。それより他に、表現する言葉がなかった。

デビュー1、2年のわたしには、福永さんの騎乗を理詰めで分析しようとしても不可能であった。いや、自分なりに騎乗論を極めた今でも、それは同じだ。わたしが史上最高と信じる騎手・福永洋一の騎乗は、理論を超越していた。

福永さんの制した多くのレースが「伝説」となり、今なお語り継がれている。ニホンピロムーテーの手綱を取り、無謀とさえ言われた2コーナー過ぎから先頭に立って押し切った71年の『菊花賞』、大方の予想に反してエリモジョージで逃げを打って勝利を収めた76年春の『天皇賞』などが、その代表格と言えるだろう。

騎手・福永洋一の凄さを、どう伝えたらいいのだろうか。

現在の日本の競馬界に君臨する武豊騎手や引退した岡部幸雄さんは、間違いなく日本の競馬史に残る名手である。その岡部さんや武豊騎手が、それぞれ名馬とのコンビで「1＋1＝3」の答えを出したとする。

自惚《うぬぼ》れかもしれないが、わたしには2人が「3」という数字を導き出した方程式が100パーセントと言っていいくらい読めた。だが、福永さんが導き出した「3」に関しては、いくら考えても数式が浮かばなかった。あの人の騎乗には、方程式にも言葉にもできない凄さと怖さがあった。

福永さんのどこが凄いのかと訊かれても返答に窮してしまう。

たとえば、武豊騎手は「スタートが抜群に上手い」とか「馬への当たりが柔らかい」といった評価をされている。その通りだと思う。だがそのぶん、まだ福永さんの域には達していないと言えるのではないか。

武豊騎手が、そのスタートの技術で、ゲートからの数完歩で他の騎手よりもアドバンテージをもってしまうことは事実だ。が福永さんはスタートからゴールまで、すべてにおいてアドバンテージをもっていた。そのためか、私にはあの人の技術的な個々のアドバンテージを見いだすことができなかった。

「ファイター」とか「逃げの……」、あるいは「剛腕」といった、ある部分を強調する冠がつかなかったのも、福永さんならではだと思う。

今の新人が武豊騎手の真似をするのと同じように、わたしも福永さんのフォームを真似てみた。

鐙《あぶみ》の踏み方から手綱の持ち方、肘《ひじ》のつかい方やステッキを持ち替えるタイミングなど、目で見てわかる部分はすべて自分のものにできた。だが、馬はマシンではない。意思をもった生き物である。操作法を真似たからといって、同じように動いてくれるわけではない。

瞬発力を引き出すことに賭けた騎乗法

わたしは、自分とあの人との決定的な違いを、いやというほど見せつけられた。

それを理解したうえで、盗めるものは盗み、そして、自分の中で「これだけは才能と言える」という部分を磨くことに努めた。

騎手・田原成貴が誰にも負けないと自負していたところ、それは、その馬の持つ最大の瞬発力を引き出す技術である。

１００の瞬発力をもった馬がいるとする。他の一流と言われる騎手が96か97を引き出すのが精一杯だったとしても、わたしは１００をださせる自信があった。その他の部分では、わたしは人より劣っていたかもしれない。それらをプラスマイナスしたら、総合点で本当にトップクラスだったのかどうかは分からない。

ただ、福永さんが天才アーティストなら、自分は技術者だと思っていた。技術は、努力と継続によって熟達する。たとえ他の部分で負けていても、瞬発力を引き出す技術においては、自分が日本一、いや、世界一の騎手になるよう努力もした。そういう拠《よ》り所がないと、プロとしてやっていくことはできないものだ。

俺のもっているその技術をピカピカに磨き、福永さんにぶつかってやろう。そう思っていたところに、あの毎日杯での事故が起きてしまった。

騎手だけが分かる恐怖の瞬間

怖い！ 馬の骨折による落馬

一時期、失格や落馬といったアクシデントが続いた。失格や落馬は、レースの面白さや醍醐味を半減させてしまう。したがってファンにとっては起きてほしくないものだが、いうまでもなくジョッキーにとってはそれ以上に深刻な問題だ。

落馬には、原因が三つある。第一が馬の故障による落馬だ。第二が、自分のミスによる落馬。第三が、他のジョッキーや馬が原因の落馬だ。このなかで、わたしにとってもっとも精神的にダメージが大きかったのが、馬の故障による落馬だった。

「バキッ!!」

いまでも、そのときの音と情景が思い出される。もの凄い音がした。馬の脚の骨が折れる音だ。同時に、ターフの緑が目前に迫ってきた。あとは覚えていない。気がつくとベットの上だった。

腎臓の摘出という大手術をしたが、あとで考えるとターフの緑が目にはいったのが幸運だったようだ。もしターフが目にはいらないようであれば、頭から突っ込んだ可能性があるからだ。

ターフが目にはいったことで、おそらく瞬間的に手をつくなど受身の体勢がとれたのだと思う。大怪我ではあったが、命を落とすまでにはいたらなかった。

落馬で分かった厩舎の本質

大怪我による後遺症は残った。肉体的なものではなく、精神的にだ。それ以来、馬がゴトゴト走っていると、いつまたボキッといくのではないかと不安でならなかった。

馬がゴトゴト走ることなんてあるのか、と思うだろうが、実際にはそういう形容がピッタリなのだ。これは、馬に乗ったことがないと分からないはずだ。もちろん、そんな馬ばかり走っているわけではないが……。

落馬のあとは、みんな優しくしてくれた。誰もが、体をいたわってくれる。そして、走る馬や勝てそうな馬に乗せてくれた。目頭が熱くなった。厩舎とは、そんな人情味のあふれたところだ。

『落馬事故』 86年の中京競馬場第2レースで、騎乗馬ワイエムヤマドリが故障を発生し落馬。後続馬に蹴られ、脾臓損傷、左腎臓摘出。

落馬がもたらす精神的後遺症

なぜ一流ジョッキーほど落馬しないか

他の馬やジョッキーが原因で、落馬したこともある。もちろん、相手は故意に落とそうとしたわけではない。馬が何かに驚いて急に横にとんだとか、後ろから馬がきているのに、ジョッキーが判断ミスで急に斜行しただとか、他の馬の影響で連鎖的に振られただとか原因はいろいろだ。

他馬が原因のケースでは、落ちたことがあとあとの勉強になったりする。なぜ斜行した馬を避けきれなかったのかを、自分で分析するからだ。

落馬する直前の状況は、よく覚えているものだ。原因となった馬の動きも鮮明に記憶している。瞬間的にだが、ヤバイ気配さえ感じとっている。それだけに、大怪我になることも少ない。

こういった経験が、次の落馬を防いでくれる。したがって、レースに対する分析能力にすぐれた一流ジョッキーほど、落馬をしなくなるものだ。ちなみに、調教中の落馬などのほうが、油断しているだけに怖い。

だが、落馬から復帰直後は、やっぱり前の馬の動きが以前と違って気になる。真っ直ぐに走ることができる馬なんて、そうそういない。どの馬も、右にいったり左にいったりしている。

それだけに、フッと落馬のシーンが蘇ったりする。ハナ、アタマの差で勝敗が決する競馬では、普段通りに乗れるまではマイナス要因だ。

落とした騎手と落とされた騎手の関係

現役の頃に、何人かの有名なプロ野球の選手と話す機会があった。騎手の落馬に相当する頭部のデッドボールについて、こんなことを語っていた。

「若いときは、たいして気にならなかった。しかし、年をとるにつれデッドボールが怖くなり、踏み込んで打てなくなった」

落とされたことが原因で、ジョッキー同士の関係が険悪になることはない。前にも書いたが、落とそうと思って乗っているジョッキーなどいないからだ。もし問題になるとすれば、落とした騎手が常習的にインターフェアにちかい乗り方をしていた場合しか考えられない。

要は、お互い様なのだ。自分も落とされたことがあるし、逆に落としてしまったこともある。相手にたいした怪我がなかったことが幸いだった。そのせいかどうか、落としてしまった若手には、そのあと何かと面倒をみたような気がする。

かつて先輩騎手を落としてしまったら、2発や3発、鉄拳制裁をくらったような時代もあった。そちらの経験はなかったので詳しくは知らないが、それも今は昔の話だ。

落としてしまったジョッキーは、すっ飛んできて平謝りだ。だが、「気をつけろよ」の一言で終わることが多かった。これも、お互い様と思っているからだ。

ラフプレーが目につく騎手の馬券は要注意

ちょっと恥ずかしい落馬

滅多にないが、自分で落ちにいってしまうこともある。前に馬が2頭いて、勝負どころで前があいたようなときだ。その瞬間を狙っているのは、自分だけではない。他の騎手も狙っている。

そこでヨーイドンになるのだが、馬に脚がないと相手に先を越されて行き場を失ったりする。最悪の場合、それが落馬につながったりすることがある。

これは、ちょっと恥ずかしい。

相手を落としてしまったら文句なしに失格になるが、それ以外の制裁については案外にアバウトだった。

「オレじゃねえ！」ということは何度もあったが、逆に軽い制裁ですんだことも少なくなかった。もちろん、若い頃の話だ。

若い頃は誰でも、勝鞍がほしくてガムシャラになる。ガムシャラとメチャクチャは別だから、それでいいと思う。

武豊騎手だって、ジョッキーになりたての頃、制裁で持ち点がなくなり、騎乗停止になったことがある。なんでも、騎手学校で講習を受けさせられたという。事実とすれば相当の屈辱だったに違いない。しかし、みんなそういう経験をしているのだ。

斜行は距離損を招き勝敗を左右する

あまりラフプレーが目につくようになると、審判の印象が悪くなるから要注意だ。せっかく大穴馬券をとって喜んでいたら、降着とか失格になってしまったというのでは、馬券を買ったファンも泣くに泣けない。過怠金が多いジョッキーは要注意ということになる。

ジョッキーとして腕が上達すればするほど、斜行などが減っていく。真っ直ぐ走るのと斜めに走るのとでは、距離的にどちらが有利なのか言うまでもないだろう。

答えは、すぐに分かるはずだ。競馬でのハナ差の１着、２着には、着差以上に大きな意味があるのだ。

一流ジョッキーは、みんなそれを知っている。

『フェアプレー賞』 1年間審議や制裁対象にならない騎手に与えられる賞で、85年、88年、90年、92年、95年、96年の通算6回受賞。

第2章

買った馬だけ追うヤツに馬券はとれない

大穴馬券をとるレースの見方

競馬を三方向から見るメリット

『競馬ゴールド』の連載をはじめてから、多くの人から競馬についての質問などが編集部に寄せられた。

こうしたファンとの交流が、ジョッキーや調教師だった頃とは別の、競馬の見方を教えてくれたのも事実だ。自分でも馬券を買うようになったこともあって、違った意味でのハナ差負けのクヤシサなども味わっている。別の見方ができるようになったことの一つは、よりレースを俯瞰《ふかん》的に、つまり全体を見渡せるようになったことだ。

それまでは、前を走っている馬や周囲にいる馬に目線が行きがちだった。しかしファンと同じ観戦者という立場でレースを見ていると、ハナを切って逃げている馬から後方でアエイデいる馬の動きまで、かなり正確に見ることができる。まるで〝審議〟を担当する審判のような気分だ。

勝負どころにさしかかって、あがって行きたいところで前をふさがれた馬や、出遅れたために馬群にもまれている馬などがよく分かる。要するに「レースをしていない馬」というのが、よく分かるようになった。

もちろん、その馬に乗っているジョッキーの心理状態も、分かりすぎるほどよく分かる。馬の体調がよかったりすれば、不利をうけたときのクヤシサはなおさらだ。

だがジョッキーのほとんどは、レース後に敗因の多くを語らない。言い訳をするよりも、次に乗るレースで結果をだそうと考えているからだ。しかし次走の競馬新聞の馬柱には、惨敗した着順だけが目立つように載っている。印もなく、人気にもならない。馬券を買う場合には、こういった馬が格好の狙い目となる。

レースの観戦中は馬券を考えない

そんな馬の好例が、03年8月30日（土）の新潟競馬の最終レースに出走していた。18頭立ての2枠④番サクラブライアンだ。サクラブライアンの前前走は不利があって12着、前走は出遅れて15着でレースをしていない。休養明けの2戦は惨敗続きだが、その前は特別で3着している。ジョッキーのなんとかしたいというボルテージは、相当高かったはずだ。

このレースでポンと出たサクラブライアンは中断待機。直線、混戦の中から抜け出して、７枠⑮番ナンヨートキノサトの猛追をハナ差しのぎきった。ジョッキーの安堵感とともに、ヤッタゼという声が聞こえてくるようだった。

馬連配当は、④―⑮で１万９７６０円。サクラブライアンの前走を見ていたこともあって、６点で的中させることができた。前走、サクラブライアンが出遅れなければ着順はもっと上位にきていたはずで、また人気もあったはずだから、馬券的にはラッキーだった。

馬券を買っていると、当然のことながら自分の買った馬の動きに目がいくものだ。しかしスタート後は、一歩冷静になってレース全体に目配りをしたい。レース前に放映される、参考レースを見ているくらいの気持ちでいいのではないか。

ジョッキーには「距離のリズム」がある

距離によるジョッキーのうまい下手

連載雑誌の読者からの質問に、

「武幸四郎さんは１６００メートルがうまいと書いてありましたが、ジョッキーにも距離によってうまい下手があるのですか」

というのがあった。

ズバリ、ジョッキーに距離によるうまい下手はある、とわたしは考えている。というよりも、ジョッキーのリズムにあった距離というのがある、と考えている。

たとえば、あなたがクルマを運転していたとしよう。そのとき、運転しやすいスピード、あるいはリラックスするスピードというのが必ずあるはずだ。普段は意識していないはずだが、運転中にリラックス感があるようなら、スピードメーターを見てもらいたい。そのスピードが、あなたのリズムにあったスピードだ。

ジョッキーの場合は、このスピードが距離の違いによるペースと考えてもらえばいいだろう。レースは、1000メートル戦から3000メートル以上までさまざまだ。距離の違いによって、ペースもことなる。しかしクルマの運転と同じで、意識はしていないが乗りやすいペースがあるはずだ。それが、好成績につながることも多いのだ。

人気薄で狙って面白い特定距離のうまい騎手

ただし、いつまでも自分のリズムに頼っているようでは一流にはなれない。どんな距離でも同じように乗れなくては、勝鞍はあがらないし、走る馬もまわってこない。

とはいうものの、誰にも苦手な距離はある。

わたしの場合、ダートの1000メートル戦は、いやだった。忙しいばかりで、ほとんど何もできないことも多かった。とはいっても、圧倒的にスピードのある馬に乗ったときは楽だったが……。

それはともかく、競馬予想という点からすれば、ジョッキーのリズムと距離の関係は重要だ。まだ〝得体〟の知れない若葉マークの見習ジョッキーが、特定の距離のレースで好成績が目につくようであれば、印はなくても狙って面白いということになる。

また、力の拮抗したメンバーのレースでは、「距離のリズム」があったジョッキーを狙えとも言える。

忙しいジョッキーは買うな

ハイペースでもスローな感覚

先ほど、ダートの1000メートル戦は忙しいからいやだと書いた。自分で言うのもなんだが、そう思ったり感じて乗っているようではダメなのだ。

短距離の1000メートル戦でも、『菊花賞』のような3000メートルを超えるレースでも、馬上でアレコレと馬に指示をだすのに忙しいジョッキーには、距離に関係なく忙しいレースとなってしまう。また、ハイペースであろうがスローペースであろうが、忙しいジョッキーは忙しいのだ。

ジョッキーにとっては、短距離だろうがハイペースになろうが、馬を気分よくゆっくり走らせることが重要だ。これはなにも、後方に位置しろということではない。

ファンにとってはハラハラするようなハイペースの大逃げであっても、乗っているジョッキーの感覚からすれば、ゆっくりとしたスローの展開に思えるときもあるのだ。こういったときには、馬のリズムにマッチしたレースができている。

ペースと位置どりは無関係

極端な言い方をすれば、ペースは関係ない。そのあたりのことを確認したければ、武豊騎手の乗り方が参考になる。03年の『札幌記念』のサクラプレジデントは、後方に位置していた。展開を考えたわけではない。馬をゆっくりと気分よく走らせた結果が、あの位置だったのだ。

その結果が、サクラプレジデントの直線での爆発力、瞬発力につながった。着差以上の強さを感じたのは、わたしだけではないだろう。ゴールでの武豊騎手のガッツポーズは、ヤッタという喜びというより、「どうだ！」というものだった。

テレビで見ていたわたしも、思わず、

「あんたは、うまい！」

と心の中で叫んでしまったほどだ。

わたしも現在くらい謙虚だったら（？）、もう少し現役時代に勝星もあがっていたはずだ。

相性のよくないジョッキーはレースの波乱要因

ジョッキーだけが知っているイヤなヤツ

ジョッキーの頃、ライバル馬やレース展開を意識して乗っていることはあまりなかった。しかし、気になったのが相性のよくないジョッキーだった。

相性といっても、性格がどうのこうのという問題ではない。どういうわけか、ある特定のジョッキーと一緒のレースではうまくいかないことが、たびたびあった。

たとえば、いい位置につけられたと一安心していると、前にいるそのジョッキーの馬がフラフラしているのだ。

早いところサヨナラしようと馬を外に持ち出すと、いつのまにかフラフラ走っていた前の馬が真っ直ぐ走っている。

その結果、絶好のポジションを他の馬にとられ、ゴールでは僅差で負けるなんてことがあった。

あるいは、そろそろ仕掛けどころと考えてる矢先に、並びかけてくる馬がい

相性のよくない騎手と一緒のレースはご用心

る。こられたら、早いと思っても行かざるをえない場合がある。

誰がきたのかチラッと見ると、相性の悪いヤツなんだ、これが……。

本人に他意はなく、引っかかって押さえようと苦労している。勝算はあったのに、早目にこられたためのちょっとした早仕掛けがたたって、ゴールではちょい負けしてしまった、などなどだ。

勝負の世界にある不思議現象

そんなときに限って、ハナ、アタマかわされた相手にゴールを過ぎてから一瞥《べつ》、ニコッとされたりする。このニコッという笑みは、

「いただき！　仕掛けが早いんじゃない

の!?」

という〝挨拶〟だから、よけいカッとくる。

もちろん、こういった〝微妙な早仕掛け〟が分かるのは、それなりのジョッキーだ。もっとも、自分も同じようなケースで1着すれば、相手にニコッと挨拶してきたからお互い様なのだが……。ということで、なおさら相性の悪いジョッキーへの印象が強くなる。

あなたの会社の上司や同僚にも、不思議に相性の悪い相手というのがいるはずだが、勝ち負けの世界ではなおさらだ。

プロ野球でも、エース級のピッチャーが、なぜか打率2割前後を低迷している特定の選手によく打たれることがある。麻雀をやっていても、あきらかに下手なヤツなのだが、一緒に打つとなぜか負けてしまうということもある。

ジョッキーの世界でも当人同士は決して口にはしないが、レースをよく見ていれば、相性の良し悪しが分からなくもない。案外、馬券を買う際の参考にもなるのでは……。

レースの前にはじまっている淘汰

一つの証明としてのコスモバルク

ジョッキーの頃、コスモバルクが鍛えられたビックレッドファームで２歳馬（現１歳馬）に乗せてもらったことがある。

当時の２歳といえば、まだ鞍をつけていない馬がいても少しもおかしくなかった。

にもかかわらず、乗った２歳馬は栗東の坂路より急勾配を駆け登っていった。素質があって強い調教に耐えられる馬には、早い段階から鍛えるというファームの方針を実感した。

また、乗り込むと馬に疲れがたまってガレてくるのだが、そんな馬は稽古を休ませリフレッシュさせる設備も整っていた。

この繰り返しで馬は素質を開花させていくのだが、コスモバルクはその一つの証明だろう。

馬券予想に必要な生産・育成ファーム

馬の素質は、鞍をつけて乗りはじめた時点で、だいたい見当がつく。あとは、順調に育つかどうかだ。逆に、鞍をつけて乗りはじめた時点で走らないと思われた馬が、急に走るようになることはめったにない。まず素質ありき、なのである。

シャダイやビックドファームの馬が走るのをみていると、どこのファームで育成された馬なのかが、馬券を買う際の参考になるような時代がくるのかもしれない。

レースの前に、すでにサラブレッドの淘汰がはじまっているようだ。

高速馬場では逃げ先行を重視する

熾烈だが止まらない逃げ馬

３連単の全国発売がはじまった。少ない資金でも一攫千金が狙えるので、燃えている人も多いはずだ。すでに、３連単１０００万円以上という馬券も福島競馬場ででているほどだ。

秋競馬の初っ端は、スピード優先の競馬になる。春の競馬で痛んだ馬場が、夏の間にリフレッシュしているからだ。

芝のはえそろった高速馬場では、ハイペースでも先に行っていた馬が有利になる。止まりそうで、止まらないのだ。このあたりの事情はジョッキーなら誰でも知っているから、逃げ先行争いが熾烈になる。それでも前残りになってしまうケースが多いのだ。

とくに、下級条件戦では逃げ先行馬をマークしたい。下級条件馬は、自分のレースができないともろい。それが出世を妨げている理由だ。

ローカル競馬では、こういった下級条件馬が数多く出走してくる。下級条件馬は、経済的につかってナンボのところがあるからだ。そのため逃げの同型馬がそろって、好成績を残せなかったということにもなる。

待機馬との混合で生まれるチャンス

ところが秋競馬の初っ端には、仕上がり途上の、休み明けの馬も出走してくる。組み合わせの相手関係によっては、ハナを切れる可能性も大きくなる。ローカルでは逃げられずに惨敗していた馬でも、自分のレースができるようになる可能性が高いのだ。

おまけに、高速馬場である。先に行ったほうが有利という条件もプラスする。馬券的に、狙わないテはない。

人気薄の逃げ馬は、いつだって穴馬券の主役だ。しかしこの時期は、とくに大暴れの傾向が強い。

3連単では、10万円、１００万円の馬券がすぐ目の前にある。この時期は超高額馬券をゲットするチャンスでもある。

夏の順調度を知るバロメーター

ローテーションの狂いには必ず原因がある

ローカルが終わると、秋の大レースに標準をあわせてオープン馬が始動する。古馬のスプリンターなら『セントウルステークス』から『スプリンターズステークス』、ミドルディスタンスホースなら『毎日王冠』から『天皇賞』というステップが考えられる。また3歳牡馬なら『セントライト記念』や『京都新聞杯』から『菊花賞』へ、3歳牝馬なら『ローズステークス』から『秋華賞』といったステップを踏むのが一般的だ。

秋の大レースを目指すオープン馬にとって、夏は休養にあてられることが多い。だが、夏が異常に暑かったという年もある。この異常な暑さが、各馬にどんな影響を与えたかが問題になる。

新聞などでも各馬の順調度は報じられるだろうが、実際のところは不明だ。だが、その実際を知るバロメーターがある。それがローテーションだ。

プロ野球のピッチャーのローテーションが参考になる。調子のいいピッチャーのローテーションは、確立されている。中6日が急に中4日になったりするのは、早々とKOされたあとのことだ。つまり、ローテーションの狂いには、なんらかの原因があったことになる。

ローテーション破りの確信犯にはご用心

競馬のトライアルは、本番から逆算して最も馬を仕上げやすい日程で組まれているのが普通だ。年毎に、トライアルと本番までが中3週だったり中5週だったりしたのでは、厩舎も仕上げるのに苦労するからだ。

したがって、ローテーション通りにつかえなかった馬には、それだけの理由があると考えるのが自然だ。

ただし〝確信犯〟は別だ。04年の春のクラシックで『皐月賞』には見向きもせず、『NHKマイル』と『ダービー』に連勝した、キングカメハメハ陣営の例が記憶に新しい。

このローテーションが、今後も『ダービー』路線として定着するのかどうか楽しみだ。

『有馬記念』もう一つ別の見方

GⅠレースは体操の種目別

GⅠレース全体をオリンピックの体操競技にたとえるなら、各GⅠレースは種目別のようなものだ。各種目別にスペシャリストがいるので、多くの金メダルをとるのが難しい。

『天皇賞』→『ジャパンカップ』→『有馬記念』の連続したGⅠレースを全制覇するのも、それと同じように難度が高い。これまで、3連覇に成功した馬はテイエムオペラオーとゼンノロブロイの2頭しかいない。03年はシンボリクリスエスが挑戦したが、その野望は『ジャパンカップ』で挫折した。

04年、この偉業に挑戦したのがクリスエスと同厩舎のゼンノロブロイだ。クリスエスの雪辱がなるのか、再度の挑戦を阻まれるのか興味深いところだった。

雑誌の予想では、藤沢和調教師のアノ笑顔が見られそうだとわたしは書いた。理由は、いくつかある。まず第1弾の『天皇賞』だが、ゼンノロブロイとダンスインザムードの同厩舎親子ドンブリをやってのけた。そのうえ、同厩舎

3年連続制覇という記録つきだった。

現在の藤沢和厩舎を見ていると、レースのライバルは馬ではなく、新記録や不可能という三文字のような感さえある。それも、ムリに記録を狙いにいくのではなく、気がつけば新記録というところが凄い。

『天皇賞』でのゼブロイは、比較的楽な競馬だったように見えた。極端な言い方をすれば、直線だけの競馬で勝ったレースだった。

コスモバルク『ジャパンカップ』2着の伏線

第2弾の『ジャパンカップ』は、面白いレースだった。『有馬記念』を占う要素が、ギッシリ詰まっていたからだ。

2着にきたコスモバルクは、鞍上が替わっての好結果ではない。伏線は『菊花賞』にあった。『菊花賞』では、出遅れてもハナに立った。強引なレース運びと思った人もいるだろうが、ジョッキーとしてはコスモバルクの気性に合った、自分のレースをさせたかったはずだ。

結果が4着だっただけに、五十嵐冬彦騎手も言いたいことを言えなかっただろう。わたしも同じようなことは何度も経験している。

レースに話を戻そう。『菊花賞』で途中からハナに立ったバルクだが、1周目の坂を下ってからペースダウンできた。このペースダウンによってバルクは、おそらくこれまで経験をしたことのないペースで走った。

ここが重要なのだ。自分ではもっと気分よく速いペースで走りたかったのだが、それを抑えて我慢することを覚えたといってもいいだろう。

バルクがその後の『ジャパンカップ』でハナに立つことなく折り合えたのは、『菊花賞』でゆったりとした走りを克服できた結果なのだ。

不向きな距離をあえてつかう理由

速いペースで走りたいのを我慢させたコスモバルクとは、反対のケースもある。レースで闘争心がないのかと感じさせる走りしかしない馬のケースだ。こういった馬に、距離は不向きだとは分かっていても、短距離の忙しいレースを体験させることもある。つらい経験をさせるのだが、これも我慢して走ることを覚えさせるためだ。

馬に、競馬理論を語っても理解してもらえない。レースを通して、走らせて教えるほか方法はない。それができるのも、またそれをするのがジョッキーの仕事なのだ。

だが、口で言うほど簡単ではない。また人気馬になるほど、レース結果を求められるという事情も見逃せない。

『有馬記念』で楽しみだったのが『ジャパンカップ』で3着したデルタブルースだ。『ジャパンカップ』で、もっとも苦しいレースを強いられたのは、おそらくこの馬だろう。にもかかわらず、3着に押し上げてきた。負けて強しといった印象だった。

サラブレッドは、つかうたびに強くなるという時期がある。『菊花賞』→『ジャパンカップ』→『有馬記念』のデルタブルースを見ていると、急成長の途上にあることがよく分かる。05年が楽しみな馬の筆頭だ。

変化するダート競馬に対応する方法

賞金の高さと厩舎の意識

1章で、年明けの初勝ち、初重賞勝ちはジョッキーにとって特別な意味があると書いた。早く勝てれば勝てるほど気分が楽になるし、その年は調子がよさそうな気がするからだ。早くに重賞が勝てた年は、人気薄の馬に乗って、よく大穴馬券の片棒をかついだ覚えがある。

馬券を買うようになって、同じような感覚を味わった。『中山金杯』を的中させてから、好調の波が続いたことがあるからだ。

馬に乗っているときには馬券ファンの心理など思いもよらなかったが、今では出馬表を見ながら、穴を出しそうな馬はどれかを考えたりしている。それにしても、大穴馬券を1、2点で的中させる人もいるようで、そんな人には「アンタはスゴい！」と言いたいネ。

ところで、ここ数年の競馬でもっとも変化しているのがダート競馬だ。オープンクラスが走るレースのトケイが、どんどん速くなっている。何故なのか。

少し前までダート競馬やダートで走る馬は、厩舎サイドでは格下視されていた。もちろん厩舎サイドでは、オーナーとの関係があるから、そんなことを口にすることはなかった。

しかしダートの重賞や地方競馬との交流重賞が増え、また『ジャパンカップ・ダート』ができたこともあって、厩舎関係者の考え方が違ってきた。賞金の高いレースには、名誉がついてくる。かつては名誉もお金も、芝の競馬が独占していた。しかしダートのレースでも、名誉もお金もついてくるようになったのだ。

競走馬は、経済動物でもある。調教師は厩舎という企業の経営者であり、ファンドマネージャーの役割ももっている。より賞金の高いレースに預かった馬を出走させ、より高い賞金を持ち帰らなければならない。

したがって、これまでは芝のレースにこだわっていた厩舎やオーナーも、ダートで走らせることに抵抗感がなくなってきた。芝の重賞レースで3着や4着を繰り返すより、ダートの重賞を勝たせたいと考えるようになったのだ。

スピード馬の初ダートをねらえ

素質も能力も高い馬が多くなれば、ダート競馬も激戦になり、走破タイムも自然と速くなる。その結果どうなるかと言えば、「芝はスピード馬、ダートはチカラ馬」という常識が通用しなくなってきたのだ。

走り方がダート向きだからといっても、ダートの１８００メートルを1分46秒で走る馬がいたら、芝の１８００メートルでも大楽勝する。芝のトケイより、ダートのトケイのほうが速い馬などいないからだ。

逆に言えば、芝のレースで速い持ち時計のある馬が、初ダートということで人気がなければ狙って面白い。初ダートの壁を、スピードの絶対値で乗り越えてしまう可能性も大きいからだ。

好例がメイショウボーラーだろう。初ダートの『ガーネットステークス』（GⅢ）を圧勝し、続く『根岸ステークス』（GⅡ）と『フェブラリーステークス』（GⅠ）をレコード勝ちしている。

スタミナ型の長距離馬が姿を消しつつあるように、近いうちにダート競馬でもチカラ馬タイプの馬が上のクラスで活躍する場は少なくなるだろう。

ダート馬場は芝よりも微妙

前残りダート、追い込みのきくダート

レースは生き物と言う。たしかに、それは事実だ。同じメンバーで再度走っても、同じ結果になることは考えられない。

展開が違ったり、各馬の仕掛けどころが違ったりすれば、着順がガラリ一変することが、めずらしくないからだ。

レースと同様に、馬場も生き物だ。馬場の場合は、乗っている者にはよく分かる。

たとえば逃げていて、直線に向いても勝てる手応えがある。ところが、案外にもたず、ゴールでは馬群にのまれてしまう。逆に、いつでも前の馬をかわせる手応えなのに、迫っても迫っても届かないことがある。

ペース判断を間違えたわけでもないのに、結果に納得がいかないというケースでは、馬場の影響が考えられる。とくに芝よりダート馬場で、この現象が起きやすい。

ダート競馬では、砂を入れたりすると馬場状態が変化する。これは、多くのファンの知るところだ。ところが、砂も入れていないし雨が降ったわけでもないのに、馬場の状態が変わってしまうことがあるのだ。

レースの流れを見てから馬券を買え

ジョッキーの中には、こういった馬場の変化にすぐに対応できる人と、そうでない人がいる。馬場の状態が変化しているのに同じように乗っていれば、人気薄の馬に逃げ切られたり、逆に追い込みを決められたりしてしまう。当然、競馬は大荒れになったりする。

ダートの馬場は生き物であり、開催日ごとに微妙に変化している。そう考えたほうが、馬券はとりやすい。前残りになりやすい馬場なのか、あるいは追い込みが決まりやすい馬場なのか。

どちらの馬場なのかは、午前中のレースに注意していれば、だいたい見当がつく。すぐに馬券買いに走らず、軽く流す程度の馬券を買って、馬場状態をチェックするぐらいの余裕をもちたい。馬券でも、早仕掛けは好結果につながらないのでは……。

ダート競馬はボクシングの試合

飛んでくる砂の痛さに耐える馬

ダートの新馬戦や初ダート戦では、飛んでくる砂の痛さに我慢できず、頭をあげたり戦意を喪失してしまう馬もいる。

「砂をかぶっていやがる」

と言うが、実際には、

「当たる砂の痛さに耐えられず」

なのだ。

ジョッキーもよく知っているので、砂が顔ではなく胸に当たるように〝車間距離〟をとって走らせる。それでも、痛みや走る辛さを我慢しながら、けなげに走ってくれる馬には頭が下がる思いがする。

日本のダート馬場は、固められた路盤の上に〝砂〟を敷いている。それだけ砂が浅いから、ダート競馬でも蹄の音がよく響いて聞こえる。乗っていても、路盤の感触がある。

意外に感じる人もいるはずだ。アメリカのダートは土にちかく、蹄の音はするが日本ほどではない。

ダートから芝へ路線変更する理由

雨が降ると走破タイムが速くなるのもそのためだ。砂が流されて、脚抜きのいい馬場になる。

アメリカのダートでは、どろどろのタンボのようになってしまう。脚抜きも悪くなる。日本では認められていない、当日の馬場状態による出走取消しがあるのもそのためだ。

脚の骨が固まりきっていない馬を、芝コースよりも衝撃の小さいダート戦につかって、徐々に仕上げていくこともある。足元がパンとしたところで芝のレースをつかうためだ。

厩舎サイドが芝向きの馬と判断しているようなコメントがあれば、初芝のレースでも要注意だ。

第3章
競馬で儲けたかったら馬を知れ

鞍上の敵はどの馬にもある悪癖

馬は真っ直ぐに走れない

ジョッキーは、いろいろな敵と闘いながらレースをしている。誰もが直面している最大の敵は、馬の悪癖（ヘキ）である。

馬のヘキにもまた、いろいろある。どの馬にも共通しているのが、真っ直ぐに走らないことだ。真っ直ぐに走っているように見えても、馬の顔は外を向いたりしている。

そのまま走らせておけば、どこかへスッ飛んでいてしまうので、真っ直ぐに走っているのはジョッキーが御しているおかげなのだ。

悪癖のある馬に乗るジョッキーに、余裕などほとんどない。他馬に迷惑をかけないよう、馬場を回ってくるのが精一杯というケースさえある。下級の条件馬にはこんな馬が結構いて、たまたまうまく乗れた結果が好着順になったりする。

だが、次のレースではその好着順が保証されない。おそらく、再度同じメン

『ニシノライデン事件』87年春の「天皇賞」で騎乗したニシノライデンが2位入線も斜行で失格。ＧＩレースでの2着失格は史上初。

バーで走っても着順はガラリ一変するはずだ。

ジョッキーの苦労を知る簡単な方法

右や左にモタレる馬も、やっかいだ。モタレル馬に乗ったときの感覚を知りたいなら、自転車と品物をいっぱい詰めた重いレジ袋があればいい。この重いレジ袋を、自転車の片方のハンドルに引っかけて乗ってみるのだ。相当、走りづらいはずだ。

まず、真っ直ぐに走れない。真っ直ぐに走ろうとすると、フラフラする。バランスが崩れやすい。その状態で、前を走っている自転車を追い抜いてもらいたい。気をつけないと前の自転車のオカマをほったり、激突してしまうから要注意だ。

それだけではない。モタレぐせのある馬は、ここが勝負所とゴー・サインを出したときに限って、よくそのヘキをだす。

ゴールでは、ハナ差やアタマ差が当たり前だ。零コンマ何秒の早仕掛けや、仕掛けの遅れが勝敗をわける。にもかかわらず、行きたいときに行けずにモタしているようでは、その時点で勝負は終わってしまう。

レースは我慢という持久力の勝負

馬のヘキは他のジョッキーの標的になる

恐がりの馬も問題だ。周りに馬がいないとノビノビ走っているのだが、横に並ばれたとたんに脚を突っ張るようにして、急ブレーキをかけてしまう。後ろからくる馬の影を見て、すくんでしまうほど恐がりの逃げ馬もいたというから、これは重症だ。

一般に、小さな馬ほど恐がりのように思われがちだが、実際は違う。大きな馬のほうに恐がりが多い気がする。理由は、よく分からない。

スタートの出がよくない恐がりな馬が、1枠や2枠などを引いたら、割り引いて考えていい。

ドッと外からこられると、どうしても前にいけなくなる。逃げ馬が恐がりなら、競《せ》られたり、早めにこられたりするケースも多い。ジョッキーなら一緒に走ったことのある他の馬のヘキも知っているから、楽な競馬はさせてくれないのだ。

「やっと走る気がでてきた」の中身

根性ナシも、困ったものだ。他の馬がジッと耐えて我慢しているのに、レースを投げる。他馬と接触したり、ちょっとしたアクシデントで走る気をなくしてしまうのだ。こういった馬は、ダート競馬も苦手だ。ダートでは、蹴り上げられた砂がパンチのように飛んでくる。このパンチに耐えながら、ジョッキーの指示を待つ。もちろんジョッキーも、極力砂のパンチをうけないよう、前の馬との距離をはかって乗っている。しかし、一発もパンチを食らわないなどということはありえない。レースはスピードの持久力だけでなく、我慢という持久力の勝負でもあるのだ。

ヘキのない馬はいない。見ていてもわからないのは、ジョッキーが苦労してヘキをださせないようにしているからだ。そして、ヘキを上手に押さえ込んだ結果が、着順としてもあらわれる。

恐がりの馬や根性ナシの馬も、レースをつかい続けたり調教をこなすことで、徐々に弱点が解消されていく。新聞のコメントなどで「やっと走る気がでてきた」などと書かれていたら、レースぶりを観察してみるといいだろう。レースでいいところがあれば、次走の狙い目として覚えておきたい。

馬のヘキは大穴馬券の要因になる

弱点をカバーする要因を探せ

馬のヘキは、ジョッキーの敵と書いた。走る能力の高い馬でも、ヘキが邪魔をして好成績をあげられない馬がたくさんいる。しかし、レースの条件によっては、ヘキをだす可能性が低くなることもある。そんな馬を発見したら、馬券的には楽しい。

たとえば、包まれたり揉まれたりするといやがる馬が、外枠を引いたり少頭数に恵まれたりしたケースだ。こういったケースでは、能力が全開して激走することも珍しくない。

03年の10月4日の阪神10レース「西脇特別」の、大外⑯番を引いたスーパーボスが好例だ。前走のレースをテレビで見たが、馬群に揉まれて明らかにヘキをだしていた。その結果、15頭立ての14着という惨敗だった。

ところが「西脇特別」では、大外枠を引いた。外に馬がいない。わたしが見た競馬新聞のコメントでは、馬の調子はいい、ということだった。

おそらく、他の新聞では「揉まれずにいければ」とか「外枠が引ければ」とかのコメントもあったと思う。

前走を見ていただけに、大外を引いて絶好の狙い目で本命の◎。マンガの仲間にも、教えまくった。

「タバラさん、最近、絶好調だから」

ということで、⑯番スーパーボスからの４点流し。発走のファンファーレが鳴り、しばし休憩で、テレビの前に集合した。

レース後のコメントには真実があらわれる

レースでは、サッと好位の３、４番手につけたスーパーボスが、４コーナーでは鞍上が外から馬がこないかを確認する余裕さえみせた。ゴールでは①番トワノカチドキを3分の1馬身押さえて１着。単勝４２７０円、馬連①―⑯で配当が１万２４２０円、馬単⑯―①は３万４０６０円もついた。

意外だったのは、スーパーボスが単勝９番人気だったことだ。もっと人気がないと思っていただけに、競馬ファンの眼力の鋭さには驚かされた。脱帽。

レース後のスーパーボス・太宰啓介騎手のコメントは、

「揉まれなければ力をだせる馬。外枠でスムーズに走れたことが大きい。逃げ馬も手応えが良かったので早めに動いていきましたが、被《かぶ》せられなかったので力をだせました」（週刊競馬ブック）

というものだった。

ちなみに、仲間からはゴホウビとして後日、ゴルフをゴチになりました。

好走しても次レースが恐い調教の足りない馬

新馬戦では速い追い切り時計に惑わされるな

走ったことのない馬の馬券を買うのが、新馬戦である。調教時計や新聞の印を見て馬券を買っていると思うが、速い追い切りタイムを出している馬が仕上がりがいいとは限らないから要注意だ。

極端な話、ある程度の速い追い切りタイムをだそうと思えば、調教を積まれた馬ならだせるからだ。

1本の速い追い切りタイムをだしている馬よりも、時計は目立たなくても3本、4本とジックリと追われている馬のほうが狙い目はある。馬体のつくりが、より走れる状態にちかづいているからだ。

もちろん、少ない追い切りでもレースで好走してしまう馬もいる。そういった馬は、次のレースでは人気になる。

しかし、反動のでてしまうケースのほうが多いものだ。パドックで入れ込み気味であれば、馬券は控えたほうがいい。

ひと叩き後にもっとよくなるは短絡的

3歳のクラシックシーズンがちかづいた時点で、覚えておいてもらいたいことがある。それは、前評判の高い馬がクラシックレースに間にあわせるために、無理に競馬につかってくることがあるからだ。ジョッキー時代に、

「今、楽をさせておけば、2、3か月後にはすごくよくなるのに……」

と思った馬が少なからずいた。

ジョッキーは頼まれれば乗らなければならないわけだが、その無理づかいがたたって、せっかくの素質が摘まれてしまったというケースはめずらしくなかった。そんな経験があったから、調教師になってからは馬の声を聞きながら、馬の成長を邪魔せずに、その馬の能力なりに走れるように育ててやりたいと考えてやってきた。

素質がある馬ほど、自分の体力の限界を超えた走りをしてしまう。馬体に芯《しん》がはいっていない早い段階でつかうと、素質で3、4着にはくる。だが、そのままつかい続けるとどこかに無理がきて、壊れてしまうことにもなりかねないのだ。〝ひと叩き〟されれば、どの馬も次はもっとよくなると考えるのは、ちょっと短絡的だ。

どんなに走る馬もレースは嫌い

サッサと帰り支度をはじめる馬

新馬戦では、馬を真っ直ぐに走らせることを心がける。調教を十分に積まれた馬は、我慢強さが身についている。我慢強さというのは、ジョッキーの指図に従う忍耐力とも言える。

馬は、レースが嫌いだ。どの馬も人間の都合で、無理やり走らされている。したがってレースでは、我慢強さが必要となるわけだ。走る馬に共通して言えるのは、この我慢強さだ。

性格的に、我慢強さがなかなか身につかない馬もいる。こういった馬は、調教もいやがる。

馬房から、なかなか出ようとしない。なだめたり叱ったりしながら連れ出して調教コースにいれるのだが、真面目に走らない。

真面目に走らないだけではない。もう少し運動させようと思っているのに、勝手に帰り支度《じたく》をはじめる。自分の馬房に向かって、サッサと歩きだすのだ。

こういうヤツにかぎって、〝帰り道〟をよく知っているから恐れいる。

個人的には〝かわいいヤツ〟なのだが、調教師という立場になると、そうも言っていられない。ヤンチャをさせながらも、デビューにこぎつけなければならない。

ウイークポイントを克服しながら成長する馬

デビューにこぎつけられれば、勝つチャンスもある。なるべく早く1勝をあげさせたいと考える。

当然のことだが、デビューできない競走馬も決して少なくない。競走馬は、内蔵や脚に必ずといっていいほど弱いところをかかえている。性格的なものも、それにプラスされる。

反対に、競走馬として疑問符はついても、レースをつかいながらウイークポイントを克服し、大成していく馬もいる。

ジョッキーの感触を味わう方法

レース中の〝ソラ〟は致命傷にもなる

新馬戦では、レース中にいろいろなことが起きる。ソラをつかったり、驚いて横に飛び跳ねたりする。

ソラをつかうというのは、馬が急に走るのをやめるように首をあげてしまう状態だ。ジョッキーは馬の首の反動を利用して追うから、馬の首が一瞬でもあがったままになると、追うことができなくなる。

レースではハナ差もめずらしくないから、この一瞬の追えないロスは、致命傷になることもある。

馬がソラをつかった瞬間を、疑似体験できる方法がある。興味のある人は、試してもらいたい。

ベルトを１本、用意してもらいたい。１人が馬役で、まず手綱がわりのベルトをグイと引っ張る。ジョッキー役のほうは、そのときに引っ張られないように踏ん張る。次に、ジョッキー役がベルトを強く引く。馬役は、引っ張られな

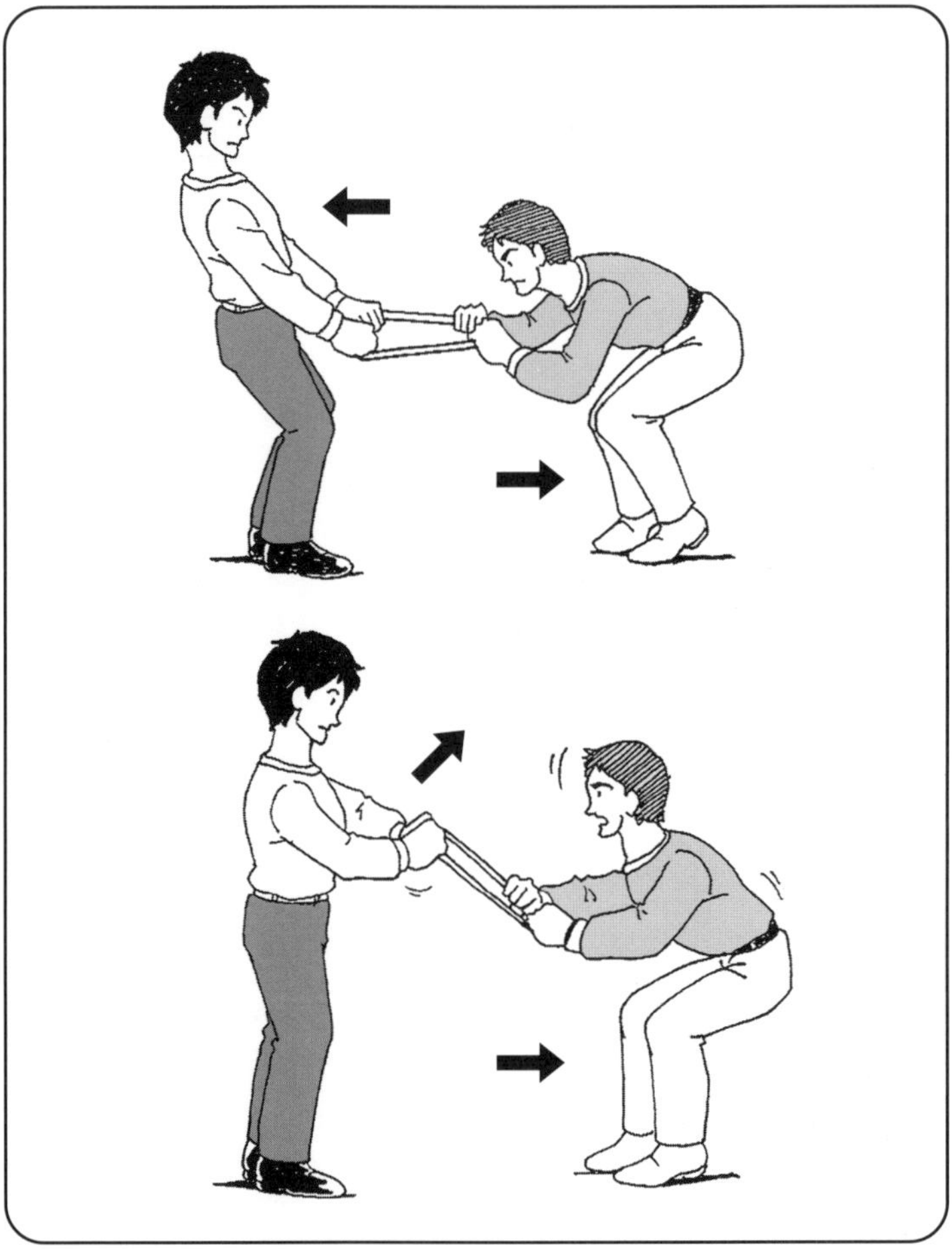

いように抵抗する。この動作によって得られるジョッキー役の感触が、いわゆる〝馬の手応え〟になる。

馬がソラをつかった状態というのは、ジョッキー役がベルトを引いた瞬間に、馬役がベルトをジョッキー役のほうに抵抗しないで押し戻してやればいい。手応えがなくなり、ジョッキー役はバランスを崩してしまう。

バランスを崩す馬の横跳び

馬が驚いて横に跳んだときの感覚も、同じように分かる。こちらの場合は、まず馬役とジョッキー役が、ベルトを強く引き合う。その状態から、馬役がベルトを急に左右どちらかに移動する。ジョッキー役は、バランスがグラリと崩れるはずだ。

制止している状態でもバランスが大きく崩れたりするから、走っている馬の背にいる場合は、もっとやっかいなことになる。実際とはやや異なるが、感触だけは分かってもらえると思う。競馬好きの友人がいたら、２人で試してみるのもいいだろう。

馬のデリカシーと意外なスランプの克服法

精神的なものがおよぼす影響

興味深い話を、本で読んだ。災害などで活躍する救助犬の話だ。

ある大地震のときに救助犬が出動したのだが、倒壊した建物の下から発見されるのは亡くなった人ばかりだった。気落ちする、スタッフ。そんな状態が続いたため、やがて救助犬にも元気がなくなり、仕事に熱がはいらなくなってしまったという。

それを心配した救助スタッフの1人が、名案を思いついた。別のスタッフがダミーとなって、倒壊した建物の下に潜り込んだのだ。

生きている人間を発見し、スタッフの歓声を聞いた救助犬は俄然やる気がでて、その後大活躍したというのだ。

競走馬もデリカシーに関しては、ほかの動物に負けていない。勝ったときの喜びを知っている。

スランプから脱出させる厩舎の工夫

調教師の中には馬の精神面を大事にしていて、賞金やレースの格にこだわらず、スランプにおちいった馬に比較的楽な相手を選んで勝たせようとする人もいる。

本来なら出走してこないだろうと考えられるローカルの重賞に、中央の重賞でも勝ち負けできる馬がでてきた場合には、そんな厩舎側の狙いが隠されていることもある。

ジッョキーのスランプ脱出法の妙案は勝つことだと前に書いた。馬も勝つことによって、スランプから脱出することがある。

予言通りになった『桜花賞』と『皐月賞』

トライアルに対するファンの見方と厩舎の思惑

04年の『桜花賞』は4戦目のダンスインザムードが優勝し、『皐月賞』は5戦目のダイワメジャーが制した。どちらも、直前のトライアルで一発勝負を決め、本番の出走権を確保した新興勢力だった。

レース経験が少なくても直前のトライアルで一発勝負を決め、出走権をとってきた馬は怖いと直前の連載雑誌で書いたが、『桜花賞』も『皐月賞』も、その通りの結果になった。

クラシックへのステップは二通りある。一般的なのが、早めに賞金を積み重ね、トライアルレースをつかって順調に本番へ向かう馬だ。これらの馬は、ファンが何度もレースを見ているだけに、人気になりやすい。

それに対して、レース数が少なく直前のトライアルで出走権を確保した馬は、よほど強烈な勝ち方をした馬以外、人気になりにくい。「どうにか、間に合った」という印象がファンには強いからだ。

だがこれは、馬券を買う側の見方であって、走らせる側の考え方とは違っている。厩舎サイドでは相手関係を考え、このメンバーなら本番への出走権が確保できる、と読んでつかってくるケースが多いのだ。余裕残しのトライアルづかいであり、狙いはあくまでも本番であることを忘れないでもらいたい。

乗り替わりに対する意識の変化

『桜花賞』や『皐月賞』のあとには、『オークス』や『ダービー』がひかえている。ダンスインザムードやダイワメジャーと同じように、遅れてきた大物がアッと言わせるシーンが、今後もあるはずだ。

もう一つ印象に残ったのが、『桜花賞』と『皐月賞』の勝利ジョッキーだ。武豊騎手とデムーロ騎手で、どちらも一流騎手だ。武豊騎手は、前走から乗り替わり、デムーロ騎手は初騎乗だった。この点も、これからのクラシックや大レースの参考になる。乗り替わりにたいする抵抗感が、なくなってきているのだ。「これまで」より「次走」が重視されるようになった。より勝てるチャンスのある馬には、より一流のジョッキーが乗ってくるという図式が定着しつつある。馬券を買う際には、大いに参考になるはずだ。

敗戦の弁の読み方で分かる馬の能力

力の足りない馬に乗ったときのジレンマ

ダイワメジャーが勝った『皐月賞』は、行った行ったの先行馬有利のレース展開に見えたはずだ。

しかし、レースを思い出してもらいたい。中団や後方から、いい脚をつかって追い込んできた馬がいたかどうか。レース後のコメントで「前残りのレースだったので……」と話していたジョッキーもいたようだが、敗戦の弁にはなっていない。

「前残りのレース……」という場合には、前の馬が楽をしているのに誰も早めに行かず、しかたなく自分で動いていった結果、ゴール前で脚があがってしまったり、脚を残されて捕まえきれなかったケースで語る言葉だ。

『皐月賞』ではペースがあがった段階で、ついていくのが精一杯というように見えた。ペースが早ければ、おそらく途中でバタバタになってしまった馬が多かったのではないか。そんな印象さえしたレースだった。

『皐月賞』では、前が楽をしているのが分かっていながら、仕方なく自分から動いていった馬は１頭もいなかった。極端な言い方をすれば、ほとんどのジョッキーが自分の馬がそれほど強いとは思っていなかったことになる。わたしも力が足りないと思っている馬に乗ったときは、同じような乗り方をしたのでよく分かる。

先行できる馬の長所と短所

勝ったダイワメジャーとコスモバルクの差は、スッと先行できる馬と気合をつけながら先行する馬の違いだろう。

スッと先行できる馬は有利なのだが、ときとして気分よく行きすぎてしまうことがある。その結果、楽に行っているようでもゴール前で伸びを欠くことがよくあるのだ。

コスモバルクの五十嵐冬彦騎手の乗り方も、そのあたりを気遣っているようだった。したがって、乗った経験のある人間なら、このケースのジョッキーは責められない。

それにしてもサンデーサイレンスの〝血〟には、あらためて感心させられた。

サンデーサイレンスには自身のDNAに、母親のDNAの長所をプラスする凄さがある。

ダイワメジャーには、牝馬のクラッシクレースを賑わしたスカーレットブーケの血が流れていた。このサンデーサイレンスのDNAの凄さが、次世代に引き継がれるといいのだが……。

サンデーサイレンスとともに一世を風靡《ふうび》したブライアンズタイムも走る馬を数多く輩出した。だが、どちらかというと自分自身のDNAだけで勝負していた感じがした。

3歳馬の世代レベルが分かる夏のローカル競馬

世代のレベルを見極める方法

夏のローカル競馬では、3歳馬と4歳以上の馬の対戦が本格化する。ここで、3歳馬が古馬に混じってどれだけ走れるかによって、3歳馬の世代レベルが推定できる。

人気のない3歳馬が穴をあけるようであれば、世代としてレベルが高いと判断していいだろう。逆に、人気になってもいいところがなく負けるようであれば、3歳馬の世代レベルに疑問符がつく。

3歳馬と古馬との初対決は、データがないだけに取捨選択が難しい。馬券を買い急がずに、秋競馬の馬券作戦のキーポイントとして、大局的に3歳馬のレベルを、とらえておきたい。

それに平行して、夏競馬ではクラス変動も起きる。たとえば、4歳で本賞金が1800万円の馬は、それまではオープンで走っていた。だがクラス変動によって、3歳1000万円クラスで走れるようになる。

ここを買っても賞金的には1600万円下で走れる。そのため、2連勝や3連勝する馬もいる。

勝鞍の多い厩舎の経営戦略

厩舎サイドでも、この降級システムを経営戦略の一つとして積極的に活用しているところがある。成績的に頭打ちとなった馬を、立て直しをかねて休養させ、降級するのを待って勝ちにいくのだ。

リーディングトレーナーの上位争いを繰り返しているような厩舎では、こういった経営戦略も珍しくはない。休養前の何戦かの成績だけを参考にすると痛い目にあうので、要注意といったところだ。

競走馬は、走らせれば走らせるほどつかい減りする。下級の条件馬は経済的な面から、「走らせて、ナンボ」のところがあるのは仕方ないが、オープン馬にちかづくほど、「休ませるのも、調教の一つ」という側面が重要になる。

1着はジョッキーの最高の営業ツール

2着続きの馬に対する評価

あるとき、うがった質問をされたことがある。

「上のクラスにいくと能力的に足りないので、勝たずに2着狙いに徹することはあるのか」

2着賞金は、1着賞金の4割である。しかも重賞レース以外は、本賞金に加算されない。つまり、条件クラスの馬なら2着を3回とれば1着賞金以上になる。その後も同じクラスで走るのだから、当然、賞金がコンスタントに稼げるということだ。

たしかに、2着が何回も続く馬がいる。わたしが乗ったスズタカプリンスという馬もそうだった。2着が10数回あった。

賞金は稼いでくれたが、レース後に厩舎スタッフと交わす会話は決まって、「また2着かよ〜」だった。

つまり、あまり喜ばれなかった。同じ2着でも、それまでの成績が悪かったのであれば、「上手に乗ってくれた」と喜ばれたのだが……。

2着が続く原因は決め手不足

2着の多い馬の共通点は、決め手に欠けていることだ。今日こそなんとかなりそうだと思っていても、ゴールでは一伸び足りず、また他の馬にやられてしまう。その繰り返しだ。

したがって、ジョッキーも厩舎サイドも歯がゆさが残る。

前に厩舎の経営戦略と書いたが、それは調教師という職業が、一国一城の主だからだ。ジョッキーに経営戦略などない。自分を売り込む営業はするが、経営戦略とはいえない。そして2着をとるのではなく、1着、つまり勝つことがジョッキーの最大の営業なのだ。

これはどのジョッキーにも共通だから、ジョッキーに2着狙いはない。

走る馬ほど故障のリスクが大きい

2着続きの馬がかかえるリスク

自分について言えば、お手馬でも2着続きの馬に乗るのは、あまり気持ちのいいものではなかった。故障が心配だったからだ。どういうわけか、次は勝てそうという馬に限って故障が多かった気がする。

サラブレッドは、走る馬ほど故障のリスクが大きい。逆に、走らない馬は故障が少ない。

日本のような固いスピード馬場を高速で走れば、脚への衝撃も負担も大きい。技術の粋を集めたＦ１レースで、リタイアするマシンがでるのと同じようなものだ。サラブレッドは、ある意味でＦ１のマシンのようなものだ。

馬の故障に対するショック度では、ジョッキーよりも厩舎関係者のほうが深刻だ。ジョッキーなら、

「大きなレースを勝てそうだったのに残念だ。だが、仕方がない」

ですむケースもある。

だが厩舎サイドでは、

「どこに問題があったのだろうか。１００パーセントのつもりでやってきたのに……。いやまてよ、その１００パーセントがよくなかったのか……」

となってしまう。

あるていど故障は宿命とは思っていても、自責の念が繰り返し襲ってくるものなのだ。


動物園のように飼っておけるサラブレッドはいない

競走馬は、経済動物だ。その宿命もつきまとう。

たとえば、４歳になれば満足できるような調教が可能になり、パンとして走る馬になると分かっていても、番組の関係で3歳のうちにはつかいださなければならない。将来性があっても、動物園のライオンやキリンのように、ただ飼っておくわけにはいかないのだ。

それが影響して、素質を開花させてやることができなかったり、故障を起こしてしまうこともある。サラブレッドは、肉体的にも精神的にも、壊れやすい動物なのだ。

馬の流れとレースの流れ

流れが近づくほど勝利が近づく

競馬には、二つの流れがある。レースの流れと、自分の馬の流れだ。この二つの流れが近づけば近づくほど、勝利に結びつく。

レースの流れを、自分の馬の流れに持ち込むことは難しい。どのジョッキーも、同じことを考えているからだ。これは、ハイペースだから、あるいはスローペースだからという問題ではない。また逃げ馬だからとか、追い込み馬だからということでもない。

４歳馬（現在なら３歳）のマヤノトップガンで『有馬記念』を逃げて勝ったが、最初から逃げようとは考えていなかった。距離を考えて、ペースに関係なく、馬のベストの流れで乗るつもりでいたら、自然とハナに立っていたのだ。

勝因は、ほかの馬がマヤノトップガンの流れに同調したため、レースの流れもハマッテしまったのだ。こういうことは、よくある。ジョッキーは、他の馬のベストな流れを知らないからだ。

春の『天皇賞』を同じマヤノトップガンで最後方から追いこんで勝ったときも、考えていたのは、馬の流れに乗ることだった。このレースでは、それが自然と最後方の位置どりとなっただけだ。

もう一つ勝因があるとすれば、最有力馬の前にいた馬がフラフラ走っていたため、危険を感じた最有力馬のジョッキーが早めに外に持ちだしたことだった。そこからレースが急に動きだし、結果としてマヤノトップガンのレースの流れとなったのだ。

どちらも、馬の流れとレースの流れが近づいた結果だった。自分から勝ちにいこうとするのは、レースの流れを無視したり断ち切ろうとするもので、それでも勝てる馬はケタ違いの馬だ。

レースの流れを断ちにいくと勝てない

仮に、レースがスローの展開になったとする。通過ラップを見て、差し馬や追い込み馬の馬券を買った人は、

「スローなんだから、早くあがっていけ！」

と叫びたくなるはずだ。

ジョッキーは、ゲートが開いて馬が数完歩走った時点で、ハイペースになるのかスローペースになるのかが分かる。そのうえでジョッキー同士の駆け引きのすえ、自分の馬の位置どりと隊列が決まる。

スローで逃げているのが分かっていても、早目に動かないのは、レースの流れを自分から壊したくないからだ。壊さなくても、逃げ馬を差し切れるケースは多い。逃げ馬を恐れて早仕掛けになり、他の馬にミスミス勝ちをさらわれたくないのだ。

道中でカカッタ馬が勝てないのは、自分の流れを壊してしまった結果ということもできる。また、カカッテしまいレースの流れを壊しにいった結果ともいえる。勝利騎手インタビューで、

「今日は、レースの流れにうまく乗れたからね」

というコメントは逃げ切ったり、後方一気の追い込みを決めたときだけにつかわれる言葉ではない。

競馬には条件クラスがあって、実力伯仲のメンバー同士が走る。馬の流れとレースの流れがチグハグになってしまうようでは、前走の成績がよくても次走の保証はない。波乱は競馬の宿命だと考えておいたほうがいい。

『有馬記念』通算3勝　83年人気薄リードホーユーで。93年トウカイテイオーで1年休養明け劇的勝利。95年はマヤノトップガンで逃げ切り。

牡馬と牝馬の切れる脚の違い

牝馬上手は女の上に乗ってもうまい

04年秋の『天皇賞』では、2着に3歳牝馬のダンスインザムード、3着に4歳牝馬のアドマイヤグルーヴがきて、競馬ファンをアッと言わせた。それは、わたしも同じだ。

メンバーを見たとき、勝てないまでも牝馬にもチャンスはあるなと思ったが、2着と3着を牝馬が占めるとは予想できなかった。とくに3歳牝馬のダンスインザムードが、2着するとは思わなかった。アドマイヤブルーグなら、それくらい走っても不思議ではないと思っていたのだが……。

牝馬は乗っていて、面白かった。サラブレッドはデリカシーのカタマリのような生き物だが、それにもう一つ複雑系の回路を組み込んだのが牝馬だ。

たとえば、切れ味だ。牡馬でも牝馬でも、走る馬はみな素晴らしい切れ味をもっている。しかし、その切れ味は馬によって微妙に異なる。ちょっと古い話になるが、関西の名伯楽・武田文吾師は、自分が育てたコダマ（無傷の6連勝

『短距離2冠』 96年「高松宮杯」（現・高松宮記念）と「スプリンターズステークス」をフラワーパークで制覇。牝馬による初の快挙。

で『皐月賞』『ダービー』を制覇）とシンザン（史上2頭目の3冠馬）という2頭の名馬を比較して、

「コダマは剃刀《かみそり》の切れ味、シンザンは鉈《なた》の切れ味」

と評した。名言である。

牝馬の最大の武器は瞬発力

自分流に牡馬と牝馬の切れ味の違いを言うと、こうなる。切れ味を発揮する距離を、分かりやすく１００メートルとする。牡馬は切れる脚を１００メートル、ビューンといった感じでつかう。

ところが牝馬は、この１００メートルのビューンの中に、ピュッという極上の30メートルがあるのだ。そして、この極上のピュッが、牝馬にとっては最大の武器になる。

自分の乗った牝馬で、このピュッという切れ味をもっていた代表的な馬が、フラワーパークだ。フラワーパークで、現在の『スプリンターズステークス』と『高松宮記念』の短距離2冠を制することができたのも、彼女のもつ切れ味をうまく発揮させてやることができたからだと思っている。

牝馬で穴を出すジョッキーは狙って面白い

牝馬が、この瞬間的な切れ味を発揮したときには、乗っていて背筋がゾクッとする。それほど凄い。

だが、いいことばかりはない。ほんのちょっとでも機嫌をそこねたりすると、類いまれな極上の切れる脚をつかってくれないのだ。

このあたりの事情は、人間の世界と似ていなくもない（？）。もちろん、その責任は鞍上にある。

牡馬は、ある程度、力で御すことができる。牝馬は、それが難しい。したがって一般に、牝馬でよく勝つジョッキーには腕達者が多い。武豊騎手などが、いい例だろう。

牝馬で穴をあけるようになったジョッ

キーも、マークしておきたい。

騎乗技術は騎乗回数とともに進歩もするが、ある日突然ブレイクスルーすることもある。

そんなジョッキーを発見できたら、馬券を買う楽しみが一つ増えることになる。

ちなみに、牝馬がうまく乗れるジョッキーは、女性の扱いもうまいはずだ。例外は、わたしだった(?・)。

競走馬の素質は、銅は銅、金は金

金を磨く持ち乗り制度

04年秋の『天皇賞』でゼンノロブロイが勝って、溜飲を下げた関東のファンもいたのではないだろうか。もう関東馬とか関西馬とか言っている時代ではないが、わたしがジョッキーになった頃は圧倒的に関東馬が強かった。

理由は簡単だ。関東に、素質のあるいい馬が入厩していたからだ。銅は、いくら磨いても金にはならない。金は、磨けば金になる。競馬の世界とはそういうところだ。

関東と関西の勢力図が逆転する、端境期も見てきた。栗東に坂路ができたのが、その要因ではない。厩舎制度の違い、つまり関西に持ち乗り制度ができたからだ。

資格さえとれば誰でも調教で乗れるのと、騎手や調教助手という限られた人しか調教で乗れないのとでは、時間の制約が壁になる。騎手や調教助手の都合に合わせて、調教しなければならなくなるからだ。持ち乗りなら、逆に馬の都合や体調に合わせて、手間暇かけた調教や世話ができる。

高い投資をする馬主の願望

持ち乗りで関西厩舎の成績が少しずつ上向くと、ためしに自分の馬も関西に入れてみようかという馬主がでてきた。馬主は誰でも、自分の馬に手間暇をかけてもらいたいのだ。高い投資をしているのだから当然だ。それで走らなければ、納得できる。

そんな理由で、いい馬がポツリポツリと入厩するようになり、実際、金が磨かれて光を放つようになった。好循環スパイラルが、はじまったのだ。

しかも昔のように、関東と関西の往復に時間がかからなくなった。つまり、どこに馬を預けていても、ご当地馬主なのである。したがって、いい馬が関西に入厩するという傾向は、現在でも続いているはずだ。

この制度の厚い壁を乗り越え、リーディングトレーナーを連続しているのが関東の藤沢和厩舎であることは、ご存知の通りだ。

遠征馬に隠された厩舎の意図

経験豊富な馬に初コースの不利はない

関東と関西の時間距離は、大幅に短縮している。とはいっても、一叩きするためにワザワザ遠征する厩舎はない。遠征には経費もかかるから、遠征してくる以上は、それなりの意図や勝算があると考えたほうがいい。

重賞以外の条件戦では、馬のデキはいいんだが、予定している地元のレースは相手がそろっている。それに比べたら遠征の負担はあるが、あちらのほうがなんとかなりそうだ、ということが多い。サラブレッドは経済動物でもあるから、厩舎がそう考えるのは当然だろう。

馬券を買う側からすれば、遠征馬の初コースという点が気になるはずだ。たしかに、初コースをまったく気にしないという馬はほとんどいない。どの馬も物見をしたりするが、レースに影響することは少ない。

初コースといっても、突然、山の中を走らされるわけではないからだ。芝コースにしてもダートコースにしても、違いは程度の差だ。レース経験の豊富な馬やオープン馬になれば、こなしてしまうのが普通だ。

ただ、レース経験が2、3回と少ない若駒にとって遠征は負担になる。まだレースというものがよく呑み込めていないのに、長い輸送で、しかも見知らぬところに連れて行かれるからだ。

パドックでは、入れ込んでいないか、大幅な体重減がないかどうかチェックする必要がある。

逆に、レース経験の少ない若駒が遠征のハンデを克服してアッサリ勝つようなら、相当に競走能力が高いと判断してもいいだろう。2歳馬の遠征が頻繁になる季節には覚えておきたい。

買ってはいけない遠征馬の見分け方

ときたま、「なんでこの馬が遠征してきたのか」と、理解に苦しむこともあるはずだ。そんなケースでは、次のようなこともある。

どう頑張ってみても、この先、中央競馬で走っていくことが難しい。それを馬主に納得してもらうために、別の競馬場でも走らせてみる。結果がよければそれにこしたことはないが、たいていの場合は調教師の考えた結果通りに終わってしまう。

つまり、そこまでやってもダメだったのだから諦めてくださいというセレモニーのような遠征もあるのだ。これもまた、厩舎の意図といえば意図ということになる。

また、遠征する馬が寂しがり屋で、1頭になると精神的に不安定になってしまうことがある。そんなときは、同じ厩舎の馬を一緒に連れて行くこともある。付き添いのようなものだから、好走を期待するのは難しい。

レースを区切って見るのではなく、1レースから12レースを見て、遠征厩舎の馬が何頭でているかチェックしてみるといいだろう。

いずれにしても、遠征には必ず厩舎の意図があることは確かだ。それをどう読み取るかがポイントになる。

スターホースがでた厩舎の馬は要注意

強い馬との調教がレベルアップにつながる

競走馬には、まだまだ分からないことが多い。たとえば、ＧⅠ馬などがでた厩舎の馬は、総じてよく走るようになる。調教師をしていた頃、あるベテランの才能ある調教助手が言っていたことを思い出す。

「強い馬と一緒に調教させていると、弱い馬も徐々に力をつけていくケースを何度も経験していますよ」

これは、強い馬にあわせてハードな調教をやるからという意味ではない。普通の調教を行っているだけでも、力をつけていくというのだ。

たしかに、１頭で調教をすると変なクセをだす馬でも、数頭で調教するとクセをださなくなるということがある。馬はもともと集団で行動する動物なので、精神的に安定するのかもしれない。

気を抜かずに、あるいは気を散らさずに安定した精神状態で調教を続けていれば、調教も身のはいったものになる。われわれでも、気が散った状態で仕事をしているときには、あまりうまくいかないものだ。

厩舎でも調子のつかめない馬がいる

新聞などの厩舎コメントと前走までの成績を照らし合わせて、この馬はイラナイと判断したのに、好走されて馬券をはずしたことがあるはずだ。

スポーツの世界では、本人の発奮を期待して選手にとって厳しいコメントをする監督やコーチがいる。だが馬はコメントを理解できないので、意図的なコメントをしても意味がない。

実際に、厩舎では調子がイマイチと判断しているときに限って好走する馬がいるのだ。それも、強敵相手にである。

そのくせ、期待をもたせた次走はサッパリで、前走の面影はどこへやらといった有様なのだ。

ファン泣かせの馬なのだが、それ以上に厩舎にとっては頭が痛い。走る能力があるのに、その力をコンスタントに引き出せていないからだ。

とりあえず、こういった馬もいるということは、覚えておいてもらいたい。

馬にもある馬の好き嫌い

モテる牝馬とプライドの高い牝馬

競馬ファンは、競馬場でしか馬を見ることができない。それだけに、馬の世界についてては知りようがない。馬も我々と同じように、十人十色なのだ。

人間には異性にモテる人と、そうでない人がいる。これは馬の世界も同じだ。ウチの厩舎にフサイチミニヨンという牝馬がいたが、目が大きくて愛くるしい顔をしていた。ミニヨンが常歩の運動をしていると、同じように運動している他厩舎の馬が、立ちどまってジッと見ているということがよくあったという。ミニヨンを担当していた、持ち乗りの調教助手の話だ。

もちろん、牝馬ならどの馬でもモテるかといえばそんなことはない。異性と意識されない馬も数多くいる。まあ、本人にはなんの責任もないのだが……。

エラくプライドの高い牝馬もいた。人間に触られると怒るのだ。たて髪を切ろうとしても怒る。とにかく、ちょっとしたことですぐにカリカリする。そんな性格が原因なのかどうかは分からないが、牡馬にモテるということはなかったようだ。しかし、近くに牡馬がくると自己アピールだけはしっかりしていたようだ。こんな女性、あなたの周囲にもいません?

馬模様で知る競走馬の世界

厩舎には数多くの馬がいるから、そこには人間模様ならぬ馬模様が生じる。どこが気にいらないのか、能力の高い走る馬を見ると、ライバル心をむきだしにする馬もいた。この馬、走る馬を見ると、相手を威嚇するのだ。威嚇するときには、歯ぎしりをする。と同時に、相手にケリをいれようとする。まったく危険なヤツだった。

見た目のいいカッコイイ馬が気になるヤツもいた。見てくれが悪い馬は気にもとめないのだが、〝いい男〟がいると、そちらに向かって歩きだすのだ。馬にホモッ気があるというのは聞いたことがないので、おそらく自分より顔もスタイルもいい馬が気になるのだろう。

嫌いな馬がくると、ビューッと逃げだす馬もいる。以前に蹴られた経験でもあり、それをしっかり覚えているのだろう。

馬もそれぞれに個性があり、またかわいいものなのだ。

連闘で走る馬と走らない馬

連闘のマイナスイメージは捨てろ

連闘で馬をつかう狙いは、いくつかある。

中３週とか４週でつかう場合には、周毎に追い切りをかけなければならない。馬によっては、それが原因で疲労が重なってしまうこともある。

しかし連闘なら、中間は軽目の運動になる。これが効を奏するケースもある。したがって、連闘イコール無理づかいということにはならない。

また予定したレースをつかったのだが、馬の気合いがイマイチで思ったほどの成績があげられないといったケースでも、連闘することがある。一度レースをつかったことで馬に気合が乗り、しかも疲れも見られないといった場合だ。

下級条件馬の連闘は要注意

逆のケースもある。久しぶりにレースをつかったのだが、興奮状態のために満足なレースができなかったようなときだ。レースをつかったことで興奮状態が適度におさまり、さらに疲労がたまるほど激しいレースをしていないなどの要素が重なったときは、連闘する場合もある。

連闘は短い期間に連続して走らせるわけだから、馬の負担も大きい。それを知りつつ、つかうわけだから、連闘には意味があることになる。しかし、下級条件などでは好調な間に少しでもいい着順をあげ、賞金を稼ぎたいという計算もはたらく。パドックなどの気配を参考に、拾捨を考えたい。

連闘後のレースには注意したい。連闘で好走したからといって、中1週でつかってくるようなら、疲労が心配になる。十分な休養をとり、その間も順調に調教されているかどうかチェックする必要があるだろう。

平坦コースが得意な馬にだまされるな

平坦でよく走る馬の真実

夏になると中央を離れて、本格的なローカルシーズンになる。ローカル競馬の特徴といえば、なんといっても平坦コースだ。

競馬新聞の見出しなどにはよく、

「平坦コース待ってましたの○○○○○」

などという活字が踊ったりする。

だが、こんな見出しには要注意だ。たしかに、開催場所別の成績をみると、中央場所よりも好成績を残している。そこでついつい馬券を買いたくなるのだが、これが落とし穴になりやすい。なぜなら、

「坂のあるコースで強い馬は、坂のないコースで走らせれば、もっと強い」

という大原則があるからだ。

坂のあるコースで良績を残せない馬は、一般的には後肢（トモ）のケッパリが弱い。坂でスタミナ切れを起こして推進力が鈍り、その結果として伸びきれ

ない。

したがって、ゴール前に坂のないコースなら、スピードを持続したりアップすることができる。坂のあるコースで１８００メートルを1分48秒で走れるならば、平坦コースでは1分47秒で走ったりする。

だが坂のあるコースで、その馬より常に2、3馬身ほど先にゴールする馬なら、1分46秒台で走れるはずなのだ。つまり、平坦コースで差が縮まることはあっても、逆転することはないのだ。

平坦コースは切れ味勝負の牝馬に有利

当たり前の話なのだが、平坦コースということで、ついついこの大原則を忘れてしまうことも多いのだ。その結果、初コースということで人気のなかった馬に、アッサリ勝たれてしまうケースも少なくない。

馬連の時代なら的中していても、馬単であればひっくり返っただけで好配当というケースが多い。坂のあるコースでの力関係を、しっかりチェックしておきたい。

だが、能力差が2馬身以内といったケースでは、逆転も可能になる。スタミナ的な部分を、スピードでカバーできるからだ。夏競馬では牝馬が活躍するといわれてきたが、案外にこのあたりがその要因になっているはずだ。

牝馬は牡馬と比べて、決してスピードの面では見劣りしない。しかしスタミナの点では、やはり牡馬にかなわない。そこで一瞬の切れ味で勝負することになるのだが、牝馬が瞬発力を活かすにはエネルギーをスピードに特化できる平坦コースのほうが、有利ということになる。

「小回りコースでは小型馬有利」は本当か

きついコーナーが与える影響度

ローカル競馬では、新潟競馬場をのぞいて、あとは小回りコースだ。そのせいか、器用さにかける大きな馬には不利といった常識のウソもあるようだ。

競馬場が小さければ、コーナーもきつくなる。これは、事実だ。しかしコーナーがきついといっても、調教でつかう角馬場でレースをするわけではない。馬の大小によるコーナーの有利不利は、考えないほうがいい。

たしかに、コーナーを回るのが下手な馬もいる。しかしそれも程度の差で、ほとんどレースには影響しない。ましてや馬の大小とは無関係だ。馬の大小ではなく、個々の特性のようなものだ。

大型馬でも、器用な馬は少なくない。逆に小さな馬でも不器用な馬もいる。ただし、小さな馬と大きな馬がレース中に接触したときには、やはり小さな馬のほうがダメージは大きい。

ところが、直線にはいって脚のあがった大型馬に勢いのある小さな馬が接触

した場合などは、大型馬であっても跳ね飛ばされることがある。馬体重の１０
０キロ差をものともしない逞《たくま》しさが、サラブレッドにはそなわっているのだ。

跳びの大きさはどこまでレースを左右するか

大型馬は跳びが大きいので、小回りコースは向かないという常識のウソもある。大型馬であっても、ピッチ走法の馬もいる。もっとも、ピッチ走法だからといって、小回りコースが有利というのも俗説にすぎない。もっともらしいウソといっていい。

レース中の跳びの歩幅は、ワンパターンではない。ゲートが開いてからのダッシュ時、隊列が決まって落ち着いたとき、最後の追い込み時というように、スピードによって跳びの大きさも違ってくるのが普通だ。

したがって、馬の跳びの大きさまで馬券予想に反映するのは、考えすぎと思う。

大型馬は本当に重が下手か

関連して言えば、大型の馬は重馬場が下手というのもウソだ。重馬場では、大きな馬も小さな馬も同じように馬場に脚をとられて不安定になる。また、蹴り上げられた泥も容赦なく馬の顔面にぶつかってくる。そのため、どの馬もイヤがる。

そこで、なるべく泥をかぶらないような位置どりをしつつ、ノメッたりしないよう、上手に馬を制御しながら走らせるのがジョッキーの仕事になる。あとは、それを我慢できるかどうかという馬の精神力の強さにかかってくる。

一般に、よく走る能力の高い馬ほど精神的な強さをもっている。したがって、重馬場でも我慢して、こなしてくれるものだ。重馬場を苦にしない馬など、そうそうはいない。

性能をガクンと落とすプラス１キロ

斤量に関する大原則とは

小さな馬と大きな馬を比較した場合に、かならず持ちあがるのが、馬が背負う斤量についてだ。斤量についての大原則は、「軽ければ軽いほどいい」である。この大原則は動かない。

よく言われるのが「１キロ、１馬身」という考え方だ。だが、長年乗った経験からすると、これにも疑問符がつく。馬にはそれぞれ、ボーダーラインがあるというのが持論だ。

このボーダーライン内の斤量であれば、ほとんど競走成績に影響はでない。とはいっても、軽ければ軽いほどいいのは当然だ。

しかしボーダーラインを超えた１キロは、競走能力を大幅に削減してしまうから恐い。エンジンの性能が、ガクンと落ちてしまうのだ。問題は、そのボーダーラインが各馬によってまちまちなことだ。

小さな馬でも、斤量に強い馬もいる。かなり前のことになるが、関東にダイナレターという馬がいた。馬体重は430キロから440キロほどだったと思うが、58キロとか59キロを背負って、しかもダートで大活躍した。

それとは反対に、大きな馬でも斤量に敏感な馬には何度も乗った経験がある。競馬では、こういった個々の馬による違いがあまりにも多い。それが馬券を的中させることの難しさになり、大穴馬券がよくでる原因にもなっている。

こういった個々の馬の「性能」や「性格」を判断するには、やはりレースをよく見ることにつきる。

なぜなら、一流といわれるジョッキーほど、自分の乗らないレースをよく見ておくことで、いつ騎乗依頼がきてもいいように準備しているからだ。彼らが、テン乗りでよく勝ってしまうのもそのためだ。ジョッキーにとってもレースを見ることが勝利の近道なのだ。

ハンデ戦で恵まれた斤量の馬を発見する法

斤量が問題になるのは、とくにハンデ戦だ。ハンデを決めるハンディキャッパーは、過去の成績をデータにしている。したがって、「見込まれ過ぎ」ということでクレームをつけても、データで納得させられてしまうのがオチだ。

ただし、このデータは着順や着差がメインになっている。だから、逃げ馬がたまたま他の馬に絡まれずにうまくいったなどという「条件」は反映されにくい。恵まれた展開であったにもかかわらず、斤量が増えていたりすれば、次走は相当に厳しくなる。

逆に、展開が向かずに着順を大きく落としてしまったような馬が、ハンデに恵まれて出走してきたら面白い狙い目となる。これらも、レースをよく見ておけば、誰にでも分かることだ。

第4章
ジョッキーなら分かる強い馬と弱い馬

着差では分からない「大差」勝ち

1レース余分に走らせるツケ

3月や4月の時期は、3歳の若駒にとって、1勝の重みが増す。春のクラシック路線に順調に乗れるかどうかという問題があるからだ。クラシックに進めるかどうかは、新馬や未勝利を勝ちあがった段階で、だいたい見当がつく。その場合、関係者は目指すクラシックレースまでのローテーションを決める。信頼関係の強いジョッキーに、クラシックレースまでのローテーションを任せる厩舎さえあるほどだ。

ジョッキーは厩舎と相談しながら、勝って賞金を上積みできそうなレースを選び、そこに向けて仕上げるのだ。つかうレースで必勝態勢をとるのは、負ければ1レース余分にレースをつかわなければならないからだ。

スピード主流の現在では、レース後の馬の疲労も大きい。一走余分に走ったツケは、その後に必ずあらわれる。そのうえ次のレースでは、あらたな素質馬が出走してきたりするから、ターゲットとしたレースで負けるとやっかいなのだ。

賞金的に余裕のある馬は、この時期を充電期間にあてている。勝つか負けるか、１勝のもつ意味は、それだけ大きい。

強い馬を見分ける眼をもつ

ところで、評価の定まっていない３歳馬に限らず、馬の強さをあらわす絶対的なモノサシはない。しかし参考となるモノサシはある。「大差勝ち」も、その一つだろう。ＪＲＡでは５馬身以上の着差を〝大差〟としている。

だが、ジョッキーが〝大差〟と考えるのは、この５馬身以上という着差だけではない。たとえば、２〜３馬身差で負けても、「あの馬のエンジンは違う」と思い知らされるときがある。

それは、馬が掛かってしまったり、ジョッキーが下手に乗ったにもかかわらず、２〜３馬身も差をつけられてしまったときだ。２〜３馬身という差で勝たれることは、それほど珍しくはない。それだけに、ファンにとって強いという印象度は低いはずだ。

だが、レースを注意深く見ていれば、誰にでもこの着差以上に強いという事実は分かる。ジョッキーだけが分かることではない。

そんな馬が、次走で人気薄なら狙って面白い。たとえクラスがあがっても、壁を乗りこえる可能性が高い。そこまでは無理としても、2着や3着に突っ込むことは十分にあり得る。

いずれにしても、クラシックレースを目前にひかえた3月や4月の1勝は、ジョッキーにとっても厩舎にとっても、特別な意味をもっていることを覚えておいてほしい。

強力な先行馬がもたらす波乱

ジョッキーだって馬券をとるのは難しい

馬券を当てるのは難しい。ＪＲＡからはキツイお裁きをうけたが、競馬を楽しむのは自由だ。

最近は、連載漫画の原作や競馬雑誌の連載、また単行本を書いたりしているので、何かと忙しい。

漫画のウチの班は全員が競馬が好きで、週末になると盛り上がって楽しい。少ない小遣いを増やそうと頑張ってはいるのだが、馬券を当てるのはレースに勝つのと同じくらい難しいのを実感している。

最大のヒットは、03年の『皐月賞』のあった日の中山第９レース「鹿野山特別」だった。勝ったのはマイネルアムンゼンで、２着にジーガーストーム、３着がキョウエイノーヴァだった。

配当は３連複で、12万８４７０円という万馬券になった。この馬券を２００円だけれど、とらせてもらった。ウチの班のスタッフも大喜びしてくれた。おかげて全員に焼肉をご馳走するハメになったけど、嬉しかったね。

展開重視の3段戦法とは

このレース、マイネルアムンゼンの優勝はかたかった。問題は、それに続く馬だ。先行するはずのマイネルアムンゼンに、気楽についていける馬を2頭選んだ。2着にきたジーガーストームは、その1頭だ。

あとは、人気薄の馬に絡めるという買い方だった。展開重視の3段戦法だったが、これがズバリはまったレースだった。逃げた武豊騎手のリキボクサーは5着だ。

先行できる強い馬が1頭いると、前にいく馬は苦しい展開になる。強い馬に早めにこられたりすると、どうしても動かざるをえない。その結果、逃げたり先に行っていた馬はゴール手前では脚があがってしまうことになる。

馬券予想の方程式としては、それほど複雑ではない。むしろ、単純といえるかもしれない。先行できる強い馬がいるケースでは、こんなパターンで決着することも少なくないので、覚えておいてもらいたい。3連単にも、十分に応用できる。

桜花賞にみる大穴馬券の構図

ジョッキーの安心感が好成績につながる

03年の『桜花賞』は、馬単で万馬券になった。人気のないシーズトウショウが2着にきたからだが、競馬ではよくあることだ。

優勝したスティルインラブは、完勝だった。パドックでの雰囲気もよかった。幸英明騎手も、パドックの時点で自信を深めたはずだ。

馬の状態がいいと、ジョッキーは安心して乗ることができる。レース中にはいろいろなことが起きる。

たとえば進路がせまくなったり、馬込みに包まれたりする。そんな場合でも、馬の状態がいいとジョッキーの指示通りにキチンと対応してくれるから安心していられるのだ。

馬の状態がいいのを確信できれば、それがジョッキーの心理的な余裕にもなる。慌てて勝ちにいくこともなくなる。

馬によって大きく異なる能力減の度合

どんな名ジョッキーでも、馬の力の100パーセント以上を引き出すことなどできない。

全能力の100パーセントを出し切ってあげられないから、負けて悔しかったり悩んだりする。

逆に、負けても100パーセントの力を出し切ったという思いがあれば、「今日は強いのが1頭いたけど、この馬もよく走っているよ」などというレース後のコメントになる。

ジョッキーのコメントに満足感があれば、ジョッキーも上手に乗ったということになる。

また、そのコメントから、馬の実力度も判断できることになる。

同じ馬が出走してきた次のレースでは、馬券を買う際の参考になるから覚えておきたい。

この『桜花賞』で、出遅れて3着にきたのが、1番人気だった武豊騎手のアドマイヤグルーヴだった。出遅れは、レースではビハインドだ。その時点で、馬の能力の100パーセントを発揮することは期待できない。

『桜花賞』通算4勝　84年ダイアナソロン、87年マックスビューティ、95年ワンダーパヒューム、96年ファイトガリバーで制覇。

しかし、ここからが重要だ。出遅れやアクシデントによるマイナスポイントがいくつになるかは、馬によって大きく異なるのだ。1回のアクシデントで、能力が100から70に急落してしまう馬もいる。こういう馬は、成績が不安定だ。

ちょっとしたことで能力を発揮できなくなる。したがって、レースの成績もよくない。

ところがそんな馬でも、100パーセントの力を出し切れば、勝ったり2着したりする。結果として、馬券としては大穴になる。

未勝利とか500万円下とかのクラス分けがあり、能力の接近した馬同士が走る体系のためだ。とにかくレースでは、スムーズに運ばないことのほうが多いのだ。

いっぽう、1回のアクシデントで、マイナス5とか6というような馬もいる。オープンで活躍している馬は、ほとんどこのタイプだ。最強馬といわれていたシンボリルドルフなどは、マイナス1とか0・5のタイプだろう。

したがって、どんなレースにも対応できるし、たいていの不利は克服してしまう。

走ることを実感させる馬

落差の小さな馬は走る能力が高い

『桜花賞』のアドマイヤグルーヴは、出遅れなくてもスティルインラブには勝てなかった。それは、距離が1マイルの『桜花賞』だったからだ。出遅れなければ勝てただろうという考え方は、しないほうがいい。結果こそが厳然たる事実なのだ。

ただしアドマイヤグルーヴが、減点度の小さな馬であることだけは、はっきりした。レース後に武騎手が、

「あらためて走ることを実感した」

とコメントしたのは、〝落差〟が小さい、能力の高い馬ということだ。

秋になってアドマイヤグルーヴは『秋華賞』でスティルインラブの牝馬三冠は阻止できなかったものの、『エリザベス女王杯』では雪辱を果たしている。『桜花賞』のあとの「あらためて走ることを実感した」という武豊騎手のコメントを実証したかたちとなった。

アドマイヤグルーヴに限らず、出遅れやアクシデントのあった馬については、レースぶりやレース後のコメントなどに注意をはらっておく必要がある。次走の参考になるだけでなく、その馬の能力の高さを知る手がかりにもなるからだ。

気になるスターターの微妙な違い

ヤマカツリリーは、気のいいタイプの馬という印象をうけた。多少かかりぎみのところはあったが、外目を気分よく走っていた。にもかかわらず伸び切れなかったのは、そのためだろう。

ジョッキーにとって、馬を気分よく走らせるのは重要なテクニックだ。レースで勝つための最大の要因といってもいい。だが、ときとして気分よく走りすぎてしまうこともあるから、やっかいなのだ。

馬のタイプとしては、コスモバルクを想像してもらうといい。

間違いなく安藤勝己騎手も、気分よく走りすぎていることは気づいていたはずだ。しかしそれが好結果につながるかどうかは、追い出してからしか分からないものなのだ。

ところで、スターターが誰かは、ジョッキーにとっても気になるところだ。

スターターは全員がプロフェッショナルとはいえ、やはり微妙な違いがあるからだ。

発馬機内では、どの馬がチャカチャカしているか、前を向いていてもジョッキーなら分かる。そのチャカチャカしている馬の体勢がととのう一瞬を、狙いすましたようにゲートを開けるスターターの達人がいる。

そんなスターターだと、ジョッキーもゲートが開く一瞬を感じとれるから、横一線のスタートになる。自分の馬に落ち着きがない場合でも、スターターが達人なら一瞬をとらえてくれるから心強いというわけだ。

大幅な馬体重の増減はマイナスか

覇気があれば心配ない大幅な馬体重の増減

スティルインラブの優勝した『桜花賞』でのチューニーの馬体重マイナス20キロには、厩舎関係者はもちろん、デムーロ騎手もガックリ肩を落としたことだろう。パドックでは、それほど細く見えなかったので調整の失敗ではなく、精神的影響によるものだ。

大幅な馬体減でも、すべてがマイナスとは限らない。大幅プラスも同様だ。ただ、馬にまたがってみれば能力を出し切れる状態にあるかどうかは、すぐに判断できる。馬体が減っていて、しかも「覇気」がない場合は、お手上げだ。馬によってはナーバスになってイレ込み気味の場合があるが、この状態は「覇気」ではないので注意してほしい。

大幅な馬体重減の馬では、ジョッキーはつかったあとの反動が心配になる。そういった気を遣いながらの騎乗になるから、勝ち負けは、よほど恵まれないと望めない。

2着にきたシーイズトウショウだが、池添謙一騎手は馬の力を100パーセント出し切ったと思う。勝った馬を除いて、有力馬には何らかのマイナスポイントがあったので、その差が着順と着差になっている。馬の能力どおりに決着しないのが競馬なのだ。

3歳牝馬の距離の壁と素質の関係

雑誌の連載では『オークス』の展望について、次のように書いた。

『オークス』でも、優勝候補の1番手はスティルインラブだ。距離が延びても、この時期の牝馬は素質の高さで押し切ってしまうことが多い。わたしが乗って『桜花賞』と『オークス』を勝ったマックスビューティも、1600〜2000メートルまでがいい馬だったが、なんとか頑張ってくれた。

結果は、すでにご存知の通りだ。またチューニーに関して言えば、『桜花賞』とほぼ同じ馬体重ながらも『オークス』で2着して、万馬券を演出した。

いずれにしても、100階から70階に能力というエレベーターが急降下してしまう馬もいれば、100階から98階までしか下がらない馬もいるということを、覚えておいてもらいたい。

馬が証明してくれるコメントの正否

厩舎関係のコメントは「占い師の話術」

厩舎関係者やジョッキーのコメントに、基本的にウソはない。ただ、馬主などとの関係から若干、営業上の言葉も含まれる。コメントは「占い師の話術」に似ていると言える。

占い師の話術では、いいことが7割、悪いことを3割話すと信ぴょう性が増し、お客さんも喜ぶという。わたしみたいなセッカチな人間にとっては、これが分かっていてもなかなかできない。大事な結論だけを、手短にすましてしまう。そのほうが分かりやすいと思うのだが、理解してもらえないどころか、誤解されてしまうこともあった。

競馬でも、コメントの裏を読むコツが必要になる。レース前の新聞に出ているコメントでも、始めから終わりまで否定的なものはない。最初は馬のいいところを述べ、その後に「でも」とか「しかし」が続く。占い師の話術に似ているが、この「でも」とか「しかし」のあとに続く言葉が、厩舎の本音と考えて

レース前のコメントにある“占い師”の話術的要素

いい。

よくあるのが、休養明けの馬の、

「牧場でも乗り込んでいたので、仕上がりはいい。しかし、本当によくなるのは1度叩いてからだろう」

などというコメントだ。

馬によっては、調教だけではなかなか仕上がらない馬もいる。目標とするレースのローテーションを考えたら、1度レースをつかって仕上げたほうがベターということになる。

決して中途半端な仕上がりで走らせるのではなく、その時点ではベストな状態での出走ということになる。

しかし、厩舎の計算通りに1度叩いてもよくならない馬や、逆に体調が落ちてしまうことだってある。走らせれば走らせるほどよくなるとは限らないのだ。馬はマシンではなく生き物なのだ。

そのため目標とするレースであっても、必ずしも万全の仕上がりで出走できるとは限らない。そんなときにコメントを求められれば、馬の状態をより正確に伝えるのが正論なはずだ。

記者クラブからは常々、

「ファンのためになる適切なコメントを」

と要望されていたからだ。

にもかかわらず、正直に、

「馬の体調は、決してよくはない」

というと、大問題になる。

これが「サンエイサンキュウ事件」の真相だ。

偏《かたよ》った報道がもたらすファンの不利益

当時の『エリザベス女王杯』に出走を予定していたサンエイサンキュウは、脚元がモヤモヤしていた。無理をすると、故障する可能性もあった。そんな状

『サンエイサンキュウ事件』92年「札幌記念」勝ちのサンエイサンキュウで「エリザベス女王杯」(現・秋華賞)に臨む際にスポーツ紙が報道。

態でGⅠレースを勝つことは、まず考えられない。そこで親しい記者には、「これで勝ったら、坊主になるよ」と喋った。

たとえば、あなたが会社の上司から、「あの商談、どうなっている」と、聞かれたとする。無理でも、とりあえず「ちょっと難しいかもしれません」などと答えるはずだ。

しかし同じ質問でも、親しい同僚なら、「多分、ダメだね」と正直に答えるはずだ。

ところが、世の中にはイヤな奴がいるもので、小耳にはさんだその話を、上司にワザワザご注進におよんだりするから話がこじれる。それと同じことが、スポーツ新聞紙上でおきたのだ。

「アンタら、いつも言っていることと違うじゃん!!」

と記者に言いたくなるだろう。

残念なのは、こういったことでジョッキーや厩舎関係者が、「ファンのための適切なコメント」を伝えにくくなってしまうことだ。

なお、サンエイサンキュウは可哀想なことに、その後のレースで他のジョッキーが乗って故障してしまった。

レース後のコメントを馬券に活用する

距離の長いほうがいい逃げ馬の乗り方

コメントを馬券に役立てようとするなら、レースで検証する必要がある。つまり、レースでの走りを、よく見ておくことだ。たとえば芝１６００メートルを逃げ切った馬のジョッキーが、レース後のコメントで次のように語っていた。
「距離が延びたら絶対走る馬だと思っていましたからね。前走もそうでしたが、今日は強い内容でしたよ。もっと距離があったほうがいいと思うし、とにかく楽しみな馬です」

このレースで逃げて勝った馬は、スタート直後はダッシュがつかず、そのため他馬がハナを切った。こういったケースでは、ジョッキーが「距離はもっとあったほうがいい」と確信していなければ、逃げて良績があっても、先手をとられた場合はおさえるものだ。しかし強引にハナを奪い、直線でも他馬を引き離して勝ってしまった。

コメントとレースぶりを覚えておけば、次が楽しみなのはジョッキーばかりではなく、馬券を買う側も同じなのである。実際にこの馬は、距離が２０００メートルに延長されたレースでも何度か連勝絡みをはたした。

競馬をもっと楽しくしたいなら、レース前のコメントとレースぶり、レース後のコメントを三次元的にみてみることだ。走らせる側の、馬の能力評価が分かるようになる。これが、馬券を買うときのプラスにならないはずはない。

「上のクラスでもやれるよ」は金言

レース後のコメントは、とくに役に立つ。レースを終えた直後で馬の感触も残っているし、なにより直前までレースを見られていたという思いがジョッキーにある。レース前のコメントよりシビアにならざるをえない。

勝ったジョッキーなら舌も滑らかになるから、クラスがあがってからの参考にもなる。もし「上のクラスでもやれるよ」などとコメントしているようなら、次走は買いだ。

そんなコメントをしておきながら、上のクラスでボロ負けでもしたら、自分がカッコ悪いからだ。社交辞令はあるにしても、ジョッキーは自分の〝評判〟もわきまえて、コメントしているのだ。

新馬戦で分かる馬の将来度

「桜花賞に行けるんじゃない」

夏競馬の楽しさは、若駒との新しい出会いだ。

来年のクラシックを賑わすオープン馬と、未勝利のままターフを去る馬が一緒にレースをするのが「新馬戦」である。これまで、新馬戦への出走は1開催中であれば何度でも可能だった。

しかし昨年からは、新馬戦への出走は1回に限定された。オーナーや調教師の中には「新馬勝ち」を勲章のように考えている人もいるから、彼らにとっては一段とハードルが高くなったことになる。

ある程度ベテランのジョッキーになると、新馬戦で乗っただけで、その馬の将来性がつかめる。たとえば、84年の『桜花賞』に優勝したダイアナソロンや96年に同レースに優勝したファイトガリバーが、そんな期待をもたせてくれた馬たちだった。

ダイアナソロンやファイトガリバーが新馬戦を終えたあと、調教師や厩舎ス

タッフに、

「桜花賞に行けるんじゃない」

と伝えたことを覚えている。

勝てる感触はあったが、そこまではさすがに口にだせない。もちろんこういった洞察力は、ジョッキーだけの〝専売特許〟ではない。

見込み違いはジョッキーの恥

クラシックレースやGIレースで勝ち負けする馬を育てた経験のある厩務員や調教師なら、自分の馬が将来どのクラスまでいけそうかは、だいたい把握できるものだ。ただし、調教とレースは別のものだ。レースで走らせてみて、はじめて分かることも多い。

ファイトガリバーの場合は、新馬戦を勝ったあと、『桜花賞』までのローテーションを、ほぼ一任された。それだけに、熱もはいった。

「タバラのヤツ、調子いいことを言いやがって、あれっきり勝てないじゃないか！」

などと言われたら、「桜花賞に行ける」と断言したジョッキーとして恥になるからだ。幸いスタッフが頑張ってくれたこともあって、〝ホラフキ〟と呼ばれずにすんだ。

こういったケースとは逆に、前評判が高く新馬戦でも勝ったのに、

「なんだ、この程度かよ」

と正直ガッカリさせられる馬もいた。

新馬戦は、悲喜こもごもなのだ。

お手馬2頭は同じジョッキーが狙い目

選択権のあるジョッキーが選んだ馬を買え

同じレースに、お手馬が2頭出走してきたときは、どちらの馬を狙うほうが得策か。これも、よくある質問だ。蛇足になるが、お手馬というのは同じジョッキーが乗り続けてきた馬のことをいう。

こんなケースでは、あまり余計な裏読みをせずに、そのジョッキーが乗ってきたほうの馬を選んだほうがいい。

かつては、ジョッキーのほとんどが厩舎に所属していた。その時代には、お手馬がかち合ったレースでは、強い馬よりも自厩舎の馬や関係の深い厩舎の馬に乗るのが、ある種の「美徳」とされていた。

その過度の義理や人情に縛られた美徳を嫌って、フリーになったジョッキーもいる。わたしがジョッキーになったのは、自厩舎優先から選択の時代に移る端境期だった。

しかし現在ではジョッキーのほとんどがフリーであり、どちらの馬に乗るかの判断はジョッキーに任されるのが普通だ。

乗り替わりのケースでも、ジョッキーの意向をまったく無視して決めるようなことがあれば、その調教師は競馬社会の笑い者になってしまう。

「そんな無理強いをするくらいなら、はじめから別のジョッキーに頼んでおけばよかったんだ」

ということになる。

断った馬に先着される屈辱

だが、ジョッキーにとってはばかりもいられない。自分の選んだ馬が乗り替わった馬に先着されたのでは、

「なんだアイツは、自分の乗っていた馬のことも分からないのか」

という評価を、厩舎関係者に下されてしまうからだ。

それだけにジョッキーも、気合を入れて乗らざるをえないことになる。当然、狙い目も大きくなる。

参考になるのが『桜花賞』での、ラインクラフトとシーザリオのケースだ。ラインクラフトを選んで優勝した福永祐騎手は、レース後のコメントで「あの

馬だけには負けたくなかった」と述べていた。

ただし、大レースやクラシックを前にしてのレースでは例外もある。手の空いている一流ジョッキーに、より勝つ可能性の高い馬をまわされることはある。そんなケースでも、一方的に通告されることはまずない。必ずジョッキーが納得せざるをえないような事情説明があるはずだ。

あとは、乗りたい馬に乗れなかった悔しさを、どれだけ将来のバネにできるかだろう。一流ジョッキーだって皆、そんな経験をバネにしてビッグになってきたからだ。

能力を80パーセント引き出せれば一流ジョッキー

ジョッキーの平均点は70点？

ジョッキーの乗り替わりは、競馬ファンにとって気になるはずだ。武豊騎手や外国人のペリエ騎手などに乗り替わると、それだけで人気になったりする。おそらく競馬ファンは、乗り替わったことで「勝負!?」と考えるのだろう。だろうと書いたのは、私自身、馬券を買うようになってまだ１、２年しかたっていないため、馬券を買う人の心理に精通しているわけではないからだ。

だが、ジョッキーを替える厩舎の意図や、乗り替わったジョッキーの心理、あるいは他のジョッキーに替えられてしまった騎手の心理などはよく分かっている。

まず厩舎の意図だ。厩舎は、乗り替わったジョッキーに１００点は要求しない。１００点というのは、馬の能力を１００パーセント発揮させることだ。

つまり、完璧に乗ってもらおうなどとは考えていない。80点以上を期待する。もちろん、馬の能力を１００パーセント完璧にだしてもらえたら、言うことはない。しかし、それはほとんど不可能にちかい。

一般的に、ジョッキーがレースで馬の力をどれだけ引き出しているかといえば、平均すると、おそらく70パーセント前後だろう。100パーセントに30パーセント足りない。その足りない30パーセントには、いろいろな原因がある。たとえば、馬がヘキ（悪癖）を出してしまったということもある。レース中に、ちょっとした不利があったというのも、減点材料だ。

レースでは、多いときには18頭の馬が、しのぎをけずって戦う。ジョッキーや厩舎関係者が考えた通りに、レースが運ぶことなどほとんどない。その結果として、馬のもつ能力の70パーセントほどしかレースでは発揮できないことが多くなる。

マイナス点の少なさで勝鞍が決まる

馬の能力の70パーセントしかだせなければ勝てないのではないか、と考えるのは間違いだ。他のジョッキーが67、68パーセントでしか乗れなければ、70パーセントの能力をだしたジョッキーが勝つことになるからだ。

また、馬にはそれぞれ潜在能力というものがある。ジョッキーが70パーセントしか能力を発揮させられなくても、馬の能力が抜けて高ければ勝てることになる。

多くのジョッキーが平均して70点ほどの乗り方ができるとすると、リーディング上位のジョッキーは平均で80点以上ということになる。これはあくまでも平均だから、リーディング上位のジョッキーでも、60点でしか乗れなかったりするケースも少なくない。

あなた自身が、厩舎関係者であった場合を考えてもらいたい。もちろんあなたは、ジョッキーがレースで、馬の能力を100パーセントだし切れることなど、ほとんどないことを知っている。自厩舎の馬をジョッキーに依頼するなら、平均70点のジョッキーより、平均80点のジョッキーに頼んだほうが、安心してみていられるはずだ。

一流ジョッキーに乗り替わってきた馬が常に勝つのであれば、馬券は簡単にとれる。厩舎サイドでも、それほど単純には考えていない。

どんな名ジョッキーでも、馬の能力を120パーセント引き出せるわけではない。100パーセントから、マイナスをいかに小さくするかで、ジョッキーの勝ち数に大きな差がつくのだ。

『GIレース15勝』　別掲の他、84年「安田記念」ハッピープログレス、89年「阪神3歳牝馬S」コガネタイフウ、95年「菊花賞」マヤノトップガン。

ジョッキーが最も喜ぶ乗り替わりとは

ムカつく乗り替わり、楽しい乗り替わり

ジョッキーにとって、最も嬉しい乗り替わりというのがある。それは前に乗ったジョッキーが、明らかに下手に乗ったために負け、その馬が自分にまわってきたケースだ。前に乗ったジョッキーには気の毒な話だが、まかされたジョッキーにとってはタナからボタモチだ。

馬の能力については、一緒のレースにでていたりすれば、ある程度のことは分かる。このクラスはいつでも抜けだせるといった馬がいる。つまり100点満点で乗れなくても、平均の70点で乗っていれば勝てる馬がいるものだ。そんな馬でも、50点でしか乗れなかったら負ける。

平均点で乗れば勝てるのに、下手に乗ってしまうことは誰にでもある。その原因の一つは、

「今日勝たないとヤバイ。誰か他のジョッキーに替えられる」

とジョッキーが意識してしまうことだ。

惜しいレースが続いたときに、「今日こそ勝とう」と考えるのか、「今日勝たないとヤバイ」と考えるかで差がでてくる。

勝ち星があがらないと、どうしても後者の考えになる。それが下手に乗ってしまう原因になる。

ムカッとくる乗り替わりもある。他のジョッキーの乗り馬がバッティングしてしまい、自分に依頼がまわってきたケースだ。

「オレはアイツの代用か！」

ジョッキーなら、誰でもそう思うはずだ。

しかし、ジョッキーは乗ってナンボの商売だ。内心はムカッときても、ありがたく、お受けする。

前に誰が乗っていたかは、当然気になる。気になるというよりも、前のジョッキーよりうまく乗ってやろうと思うのが、ジョッキーというものだ。

しかし、それはあくまでもゲートが開く前までの話だ。レース中にそんなことを考えていては、うまく乗れない。馬とレースに集中していないと、いい結果はだせない。

結果ゼロを覚悟した厩舎依頼

厩舎サイドは、乗り替わったジョッキーにファインプレーは期待していない。あくまで合格点の範囲で乗ってくれることを期待している。

だが、まれなケースとして、結果がゼロであってもいいから120パーセントを狙う乗り方を要求されることもある。

たとえば、それまで1度も逃げたことがない差しや追い込み脚質の馬がいたとする。成績が頭打ちでいまひとつパッとしない。しかし、厩舎サイドでは、もっと走れるはずだと考えている。そこで、ムリをしてもかまわないから、逃げたり先に行ったりしてくれと頼まれるケースだ。

ジョッキーにも〝脚質〟があって、先に行ったほうがいい騎手と、追い込ませたほうがいい騎手がいる。そういったジョッキーに可能性を探ってもらうために依頼するケースもある。

結果がゼロになることが多いのだが、120パーセントになることも確かにある。

来年の馬券を買う新馬や500万

ジョッキー同士の会話の中身

暮から年明けにかけては、2歳の新馬戦や500万の条件戦が面白い。まだまだ、来年のクラシックを賑わす逸材が隠れているからだ。

この楽しみは、競馬ファンだけのものではなくジョッキーにも共通する。いい馬に巡り会えれば、他のレースに乗っていても楽しいからだ。馬券を買うにしても、追いかけてやろうと熱をいれるぐらいの馬がいれば、レースに対する集中力が違うはずだ。

新馬戦の返し馬が終わったあと、ジョッキー同士で会話を交すことがある。パドックでは気にもかけなかった馬が、返し馬などで走らせると、いい走りをすることがあるからだ。

「オマエの馬、ハシるだろう」

「ハシるよ、まだパンとしてないけどね」

調教も軽いところしかやっていないので、人気はまったくない。レースでは、

4着や5着がやっとだ。しかし、レースを終えてあがってきたジョッキーは、なぜかニコニコしている。

着順は悪くても、手応えをシッカリ感じたからだ。こんな馬が、次走でアッサリ勝ってしまうことも少なくない。

負けても満足顔のジョッキーの馬は恐い

同じような馬は、500万円下などにもいる。競争馬は、ウイークポイントをたくさん抱えている。このウイークポイントが解消されなければ、素質が高くても、なかなか勝ちあがれない。

そのウイークポイントが、何度かレースでつかっている間に、解消されていくのだ。

そんな感触や手応えを一番うけとめられるのがジョッキーだ。負けて引き上げてくるジョッキーを観察していれば、けっこう楽しいこともありそうだ。

騎手の心理 勝負の一瞬

2005年 6 月20日　初版第 1 刷発行
2005年 7 月20日　初版第 2 刷発行
著　者：田原成貴
発行者：木谷仁哉
発行所：株式会社ブックマン社
〒101-0065　東京都千代田区西神田3 - 3 - 5
電話03 − 3237 − 7777
ホームページ http://www.bookman.co.jp
印刷所：図書印刷株式会社
ISBN4 - 89308 - 532 - 8